十年对一个人意味着什么？

2007年，他无意中参加了一个英文演讲俱乐部，经过每周一次的舞台练习，两年后他居然拿到了国际演讲协会（Toastmasters）中国区英文演讲比赛全国冠军。更让他没想到的是，现场有一位来自培训公司的听众，邀请他去做演讲培训。就这样，他转行成了演讲教练。他就是大卫祁。

他曾经为世界五百强公司如壳牌、空中客车、甲骨文和奔驰等培训，也曾被客户邀请飞到新加坡讲课。TEDx邀请他为演讲嘉宾培训。综艺节目"超级演说家"也曾经向他发出邀请。2013年，他又拿到国际演讲协会中文演讲全国冠军。

很多参加过大卫祁现场培训的人说，他的演讲有一种魔力，可以瞬间引起听众的注意，点燃听众的热情，特别是他的幽默，总是让现场笑声不断，他让听众感受到了演讲的魅力。

大卫祁身上有一种"工匠精神"，这本《全脑演讲》，可谓他十年专注演讲的匠心之作。他希望通过这本书告诉你，如果他可以通过演讲改变自己的命运，实现自己的梦想，你也可以！

十年前，他是一个内向害羞的人，
做着一份既不喜欢也不擅长的工作，
想换工作，却屡屡失败……

全脑演讲

左脑逻辑，右脑情商

大卫祁 / 著

Left Brain Logic & Right Brain Emotional

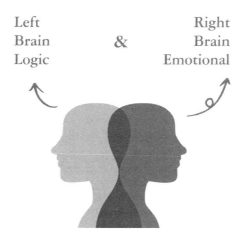

本书认为，一个好的演讲应该是既运用左脑演讲思维又运用右脑演讲思维的全脑演讲。基于此，本书提出了全脑演讲思维的六大能力：左脑演讲思维的三个能力（概括力、结构力、论证力）可让你的演讲观点明确、结构清晰、有理有据；右脑演讲思维的三个能力（联想力、共情力、即兴力）可让你的表达形象生动、扣人心弦。为此，本书分三篇详细论述了全脑演讲的概念、呈现方式和具体运用：第一篇介绍左右脑思维在演讲中的不同特点和演讲技巧；第二篇聚焦在演讲的表达，比如如何运用身体语言和语音语调，以及如何克服演讲恐惧；第三篇对职场人士经常遇到的七个演讲场景进行方法介绍。本书认为，全脑演讲思维重新定义了演讲，不仅能帮助你提高演讲能力，更重要的是帮你找到适合自己的演讲思维习惯，发挥你在演讲中的最大优势。

图书在版编目（CIP）数据

全脑演讲：左脑逻辑，右脑情商 / 大卫祁著. — 北京：机械工业出版社，2023.9
ISBN 978-7-111-73687-5

Ⅰ. ①全… Ⅱ. ①大… Ⅲ. ①演讲 – 语言艺术 Ⅳ. ①H019

中国国家版本馆CIP数据核字（2023）第154398号

机械工业出版社（北京市百万庄大街22号 邮政编码100037）
策划编辑：坚喜斌　　　　　　责任编辑：坚喜斌　陈　洁
责任校对：张亚楠　陈　越　　责任印制：单爱军
北京联兴盛业印刷股份有限公司印刷
2023年10月第1版第1次印刷
145mm×210mm・9.5印张・2插页・160千字
标准书号：ISBN 978-7-111-73687-5
定价：65.00元

电话服务 网络服务
客服电话：010-88361066　　机 工 官 网：www.cmpbook.com
　　　　　010-88379833　　机 工 官 博：weibo.com/cmp1952
　　　　　010-68326294　　金 书 网：www.golden-book.com
封底无防伪标均为盗版　机工教育服务网：www.cmpedu.com

前言

想象一下,你要在公司做一次演讲,听众有你的上司,还有部门同事,一共 100 人。你非常希望能够做好这次演讲,于是很认真地去准备。稿子已经写好了,还有一个星期就要演讲了,你心里还是有点忐忑不安,总感觉准备得不是很充分。你仔细想了想,发现还有三个需要面对的问题。

- 我的演讲如何吸引听众的注意力?
- 我的演讲能说服听众吗?
- 演讲当天要是出现冷场怎么办?

为了解决这些问题,你买了几本关于演讲的书,又报名参加了演讲培训课,希望突击一下来提高自己的演讲技巧。但是当你正式演讲的时候,你发现之前担心的事还是都发生了。听众好像对你的演讲并不感兴趣,你的演讲效果很不理想。你开始思考:是书上教的方法不对,还是演讲课程不好?都不是,原因是你的思维习惯不对。

演讲的思维

当你羡慕乔布斯的妙语连珠时，你有没有想过，像他一样的演讲大师们到底是身怀绝技，还是拥有不同于常人的高手思维，让他们知道如何说听众才会爱听？

我从事演讲培训十多年，发现好的演讲都是有套路的，但是当我把这些五花八门的演讲技巧仔细分类后，我发现很多技巧和人的思维方式其实有很深的关系。

举个例子，我们周围有侧重理性思维和侧重感性思维的两种人。侧重理性思维的人思维严谨，逻辑清晰；侧重感性思维的人思维发散，注重情感。这两种人在做演讲的时候，会不自觉地把自身的思维特点带到演讲台上。

如果让一个侧重理性思维的人做一个关于区块链的演讲，他可能会使用抽象的词汇来表达。

区块链技术是指通过去中心化和去信任的方式集体维护一个可靠数据库的技术方案。

而如果你让一个侧重感性思维的人给你解释区块链，他可能会讲一个故事。

假如你是一位女性,在某年某月某日的某个晚上,你男朋友说了一句"我爱你一生一世",然后你把这句话发给了你的闺蜜、父母,并且发到了朋友圈、微信群等。你打赏点小费,感谢他们帮你记住这件事情并作证。你、你男朋友、"我爱你一生一世"、说这句话的时间和地点等信息被打包起来形成了一个结构化的信息包,这个信息包就叫"区块",而你的闺蜜、父母、朋友圈、微信群等节点就串起了"链"。

当你的男朋友不承认说过这句话、当了"负心汉"时,你就可以翻出这个"账本"对质,把他臭骂一顿。

侧重理性思维的人讲得比较严谨,侧重感性思维的人讲得比较形象。思维习惯不同,表达方式就会不尽相同。到底是什么形成了理性思维和感性思维呢?

大约 19 世纪中叶 100 多年前,人类就发现了大脑存在着左右两个半球的结构。但对于这两个半球分别起什么作用,人们一直没能搞清楚。到了 20 世纪 70 年代,美国心理生物学家罗杰·沃尔科特·斯佩里(Roger Wolcott Sperry)博士通过大量对比研究发现,左右脑具有不同的功能,左脑擅长与逻辑、事实和细节等有关的功能,而右脑擅长与图像、情感和直觉等有关的功能。具体内容如图 0-1 所示。这种差异和我们常说的感性思维和理性思维的区分非常吻合,左脑偏理性思维,右脑偏感性思维。

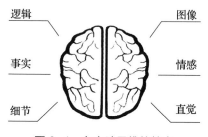

图 0-1 左右脑思维的特点

感性思维由右脑负责,理性思维由左脑负责。所以,我们又把右脑称为"感性脑",把左脑称为"理性脑"。

我们每个人都具有感性思维和理性思维,但每个人又都有一定的偏好。这就像左右手都会参与到日常的生活中,但是有的人喜欢用右手,有的人喜欢用左手。举例来说,文科背景的人喜欢运用感性思维,理工科背景的人喜欢运用理性思维。

这种左右脑的差异,被越来越多的知名人士在他们的著作中引用,比如人生导师史蒂芬·R.柯维(Stephen R.Covey)的《高效能人士的七个习惯》、TED大会演讲嘉宾丹尼尔·H.平克(Daniel H.Pink)的《全新思维》、脑神经科学家吉尔·博尔特·泰勒(Jill Bolte Taylor)的《左脑中风,右脑开悟》、全球最大对冲基金桥水的创始人瑞·达利欧(Ray Dalio)的《原则》。这些书籍都提到了左右脑思维的差异。而本书则是针对左右脑思维方式的差异来研究演讲风格的不同，**因为思维习惯决定了你演讲的方式。**

我们演讲时遇到听众的挑战，其实很多就来自这两种思维习惯的冲突。你的左脑思维式演讲，被右脑型听众认为无趣；你的右脑思维式演讲，被左脑型听众认为不够严谨。

你可以通过以下 13 道题找到主导你演讲的思维习惯，看看你是偏左脑思维，还是偏右脑思维。

1. 需要做出选择的时候，你通常会

    A 凭直觉走下一步

    B 仔细分析形势及解决方案，三思而后行

2. 你的桌面通常是

    A 杂乱无章

    B 整洁有序

3. 在音乐方面

    A 你自小就乐感很好

    B 乐感并不是很好

4. 在理财方面

    A 你经常有"钱都花在哪儿了"的感叹

    B 你清楚自己的日常花销

5. 以下哪个科目你比较擅长

    A 语文

    B 数学

6. 你更喜欢哪种思考方式

    A 联想

    B 推理

7. 在时间管理方面

    A 你比较随意,没有条条框框的束缚

    B 你有时间计划,并严格执行

8. 下面哪项任务更让你感到头痛和束手无策

    A 做一份数据分析报告

    B 完成一幅绘画

9. 看电影、电视剧的时候曾经感动到流泪

    A 是的

    B 不是

10. 你觉得更符合你的特征的是

    A 灵活创意

    B 沉稳靠谱

11. 看展览的时候,你通常会

    A 只看感兴趣的

B 按顺序看

12. 你在表达的时候

　　A 喜欢用很多手势

　　B 仔细斟酌后再说出来

13. 当别人对你倾诉烦恼时，你更关注

　　A 他们倾诉的方式

　　B 他们倾诉的内容

（测试方法：分别统计你选择 A 与 B 的个数）

测试结果

　　如果 A 选项多，说明你具备右脑思维优势，演讲中具备生动形象、以情动人的优势。

　　如果 B 选项多，说明你具备左脑思维优势，演讲中具备逻辑清晰、有理有据的优势。

　　我们在演讲的时候会下意识地用我们最习惯的思维方式去表达。如果你偏重左脑理性思维，那么你在演讲中会表现出：

- 观点明确
- 逻辑严谨
- 细节清晰

如果你偏重右脑感性思维，那么你在演讲中会表现出：

- 形象生动
- 以情动人
- 带动气氛

思维习惯不同，演讲的方式也会不一样。过于坚持某种思维习惯也会带来问题，比如偏重左脑思维会使你的演讲略显枯燥，而偏重右脑思维会使你的演讲不够严谨。

全脑演讲思维

柯维在畅销书《高效能人士的七个习惯》中提到，基本上，目前是个崇尚左脑的世界，语言文字、逻辑推理等被奉为重要的技能，而感官直觉、艺术创造总是居于从属地位，造成这一局面的原因是人们大多不习惯发挥右脑的功能。

我们的应试教育更重视培养学生对规则的遵守、标准的执行，让大部分人养成了偏重左脑思考的习惯。特别是选择理工科的人，或者从事比较关注逻辑和细节的行业（比如咨询、金融、互联网、科研等）的伙伴，他们的左脑思维习惯会因为工作而进一步强化，当演讲时，他们很容易因为过于理性而无法打动听众。

TED演讲的创始人克里斯·安德森（Chris Anderson）说过："要使演讲真正有说服力，光有严密的逻辑论证是不够的。大多数人能被逻辑说服，但未必有所领悟，理性语言必须辅以其他工具，使结论不但有效，而且富有意义。"比如富有幽默感、擅长讲故事、能举生动的例子等，这些都是和右脑思维相关的能力。

人们越来越关注右脑思维的重要性。随着情商、讲故事、同理心的话题持续升温，人们越来越意识到，光具备左脑逻辑分析的能力是不够的，我们还需要用情感去与别人沟通。演讲也是这样，理性的演讲虽然有理有据，但是要想打动听众，离不开情感和趣味性。

那么你可能会问，右脑型的演讲就很完美吗？不是，单纯的右脑型演讲虽然非常形象生动，很能带动现场气氛，但是也会因为逻辑不够严谨、观点不够突出而遭到偏重左脑思维的听众的质疑。

举个例子，我十年前刚刚练习演讲的时候，很擅长右脑思维型演讲，比如富有幽默感、擅长营造气氛等。然而有一个擅长理性思维的朋友和我开玩笑，说："大卫，你的演讲很有趣，就是没有观点。"作为一个不是很关注细节的"右脑人"，我确实容易在演讲中忽略这一点。他的话让我记到现在。我后来发现,在我的周围确实围绕着许多偏重左脑思维的听众,他们关注的不是我的演讲效果,而是演讲的细节和逻辑。

如果想让演讲达到"人见人爱,花见花开"的境界,需要的既不是单一的左脑思维,也不是右脑思维,而是全脑演讲思维。

凡是晦涩的内容,学会用生动的方式去表达;凡是形象的表达,必须有严谨的逻辑做支撑。用八个字来概括全脑演讲思维,就是:**晓之以理,动之以情**。

根据对演讲的十年研究,我发现了全脑演讲思维的六大能力,它们是打造一个完美演讲的核心基础(见图0-2)。这六大能力分别是左脑演讲思维的概括力、结构力、论证力,以及右脑演讲思维的联想力、共情力、即兴力。

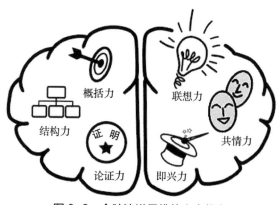

图0-2 全脑演讲思维的六大能力

左脑演讲思维的三个能力（概括力、结构力、论证力）可让你的演讲观点明确、结构清晰、有理有据；右脑演讲思维的三个能力（联想力、共情力、即兴力）可让你的表达形象生动、扣人心弦、一气呵成。一个好的演讲，应该是既运用左脑演讲思维，又运用右脑演讲思维，这就是全脑演讲。它既能满足理性的左脑型听众，又能满足感性的右脑型听众。

本书第一篇介绍全脑演讲思维的基本理论。第一章到第三章分别介绍左脑演讲思维的三个能力，第四章到第六章分别介绍右脑演讲思维的三个能力。其中，右脑的讲故事四步法、即兴思维和幽默的三个技巧是本书的亮点，值得慢慢品味。

第二篇介绍了全脑演讲的呈现方式，聚焦在演讲的身体语言和语音语调，以及如何克服演讲恐惧。针对当下热门的声音话题，本书提供了完整的改变声音的窍门和例子，从丹田发声到语音语调，帮你全方位提升声音质量。

第三篇是关于全脑演讲的实战内容。这一篇包含了职场人士最常见的七大演讲场景：求职面试、产品销售、技术演讲、工作汇报、经验分享、竞聘演讲和领导演讲。本书会针对每一个场景为你提供相应的全脑演讲话术，这些话术简单好记，让你看完立刻就可以应用。

在过往的培训中，我用这套全脑演讲思维为多家世界五百强企业进行培训，帮助那些擅长左脑演讲的技术人员提高了右脑的形象思维能力，让他们的演讲变得生动有趣；帮助那些擅长右脑思维的演讲者，比如销售人员，提高了演讲的逻辑性，让他们更好地应对客户的挑战。

全脑演讲思维重新定义了演讲，不仅能帮助你提高演讲能力，更重要的是可以找到你演讲思维的习惯，解决你演讲中一直存在的问题。

在本书的写作过程中，得到了国际演讲协会的吴梦玮、李建和冯竹君的无私帮助，她们对本书提出了很多宝贵的建议，并对稿件进行了多次润色。同时，本书收到了十五位读者朋友发来的读后感，他们分别是：张宝珍（通用电气）、温增葵（今日头条）、张清玥（领英）、刘融茸（霍尼韦尔）、高元双（奔驰）、范婧（知乎）、梁修涵（联合国）、杨月航（戴尔）、封叶红（哈佛大学）、李晓静（百度）、林弘（微软）、朱建春（中国电信）、万虎（一汽丰田）、秦小双（中石化）、赵新亮（民生银行）。另外，特别感谢插画师罗婧，她在百忙之中为本书绘制了精美的插画，使本书增色不少。

阅读提示：

如果你是一个右脑型读者，平时比较感性、思维发散、充满想象力，你可以从第一章开始阅读本书，从而快速了解自己在演讲中缺失的要素，更有侧重地开发和提升自己的演讲技能。如果你是一个左脑型读者，平时比较关注事实、逻辑、细节，你可以直接从第四章开始看。

大卫祁

目录

前言

第一篇　全脑演讲思维
001

第一章　左脑概括力 ...003
第一节　为什么听众无法理解你的演讲　...003
第二节　观点，让你的演讲一语中的　...005

第二章　左脑结构力 ...015
第一节　为什么听众在你演讲时会走神　...015
第二节　三种结构让你的演讲逻辑清晰　...017

第三章　左脑论证力 ...035
第一节　为什么听众会质疑你的演讲　...035
第二节　举例，让你的演讲更可信　...038
第三节　数字，让你的演讲更精确　...043
第四节　引用，让你的演讲更权威　...046

第四章　右脑联想力 ...052
第一节　为什么你的演讲让听众打哈欠　...054
第二节　比喻，让你的演讲更生动　...056
第三节　类比，让你的演讲更形象　...061

第五章　右脑共情力 ...066
第一节　为什么你的演讲没有打动听众　...066

第二节　讲故事，让你的演讲更走心　　...070
第三节　幽默，让你的演讲更有趣　　...089

第六章　右脑即兴力　　...102
第一节　为什么你的演讲会卡壳　　...102
第二节　即兴演讲，让演讲不再卡壳　　...105
第三节　即兴"现挂"，让听众赞不绝口　　...118
第四节　即兴救场，让你搞定突发情况　　...122

第二篇
全脑演讲呈现
129

第七章　气场强大，你也可以做到　　...131
第一节　为什么你的演讲没有气场　　...131
第二节　身体语言，让你的演讲气势非凡　　...133
第三节　语音语调，让你的演讲铿锵有力　　...148

第八章　演讲恐惧，你也可以克服　　...167
第一节　为什么你总是害怕当众讲话　　...167
第二节　两个方法让你告别演讲恐惧　　...172

第三篇
全脑演讲实战
181

第九章　自我介绍，你可以与众不同　　...183
第一节　为什么她可以考上哈佛大学　　...183
第二节　求职面试，全脑介绍让你脱颖而出　　...184
第三节　聚会介绍，创意介绍让你闪亮登场　　...194

第十章　销售产品，你让听众当场下单　　...200
第一节　为什么你的产品介绍无法吸引听众　　...200
第二节　爽点痛点，打动听众的不二选择　　...203

第三节　产品故事，传奇经历吸引听众　...207

第十一章　技术演讲，你让小白也能听懂
第一节　为什么你的技术演讲会让听众睡着　...211
第二节　形象表达，让专业知识瞬间秒懂　...215

第十二章　汇报工作，你让老板点头称赞　...223
第一节　为什么老板对你的工作汇报说不　...223
第二节　避开汇报四个坑，老板给你升职加薪　...226

第十三章　分享经验，让听众满载而归　...237
第一节　为什么你的分享让听众不满意　...237
第二节　线下分享，参与让听众更有收获　...240
第三节　线上分享，全脑表达让听众更专注　...248

第十四章　竞聘演讲，你也能脱颖而出　...254
第一节　为什么你在竞聘中被淘汰　...254
第二节　全脑竞聘三步法，让你胜券在握　...257

第十五章　领导演讲，让你成功激励下属　...265
第一节　为什么你的演讲让下属无动于衷　...265
第二节　领导演讲的七种武器，让员工起立鼓掌　...268

后记　...281

参考文献　...283

全脑演讲
左脑逻辑，
右脑情商

第一篇
全脑演讲思维

我是左脑。

我是科学家,数学家。

我喜欢熟悉的事物。我归类整理。我很精确。线性运作。

分析。策略。我是实用的。

总是受控良好。词汇与语言的大师。

实用主义。我计算平衡并玩弄数字。

我是命令。我是逻辑。

我准确地知道我是什么。

我是右脑。

我富有创造力。自由的灵魂。我是激情。

渴求。欲望。我是狂热的笑声。

我是滋味。赤足下沙的触感。

我是运动。鲜活的色彩。

我是在空白帆布上作画的渴望。

我是无界的幻想。艺术。诗歌。我感觉。我感知。

我是任何我想成为的东西。

——2011梅赛德斯-奔驰以色列公司的广告

第一章
左脑概括力

第一节　为什么听众无法理解你的演讲

几年前我在一家美国公司驻京代表处做采购，负责在中国采购产品，然后出口到美国。每年美国总部会派质量控制经理文斯（Vince）来中国视察供应商，我也会陪同前往。文斯负责质量控制多年，非常关注细节，是一个标准的"左脑人"，总会提一些犀利的问题。

有一次文斯在视察工厂的时候，指着一台生产设备问："这个设备的清洁记录有没有？"工厂的负责人赶快向我解释："祁经理，我和你说，事情是这样的，我们工厂内部的清洁流程是这样的……，我们对设备清洁的重视程度是这样的……"这位负责人解释了很多，但就是没有正面回答文斯的问题。

这可苦了旁边的文斯，瞪着蓝色的大眼睛看了我半天，估计在想："什么情况？要这么长时间来回答？"负责人好不容易解释完了，我赶忙翻译，但文斯听后还是一脸茫然，问我："所以，最终的答案是有还是没有？"我这才想起来，负责人说了半天，但没有给出结论。我又赶紧追问，最后终于听到了"没有"这个结论。

后来，我们在其他供应商那里也都遇到了类似的沟通问题。于是文斯开了个玩笑，说："一个有或没有的问题，他们至少需要十分钟才能告诉我。"我听了也是哭笑不得。

文斯想听到的是结论（有或没有），而供应商只是解释背景和原因（为什么我没做）。很多时候，我们会按照自己的思维方式直接表达，但忽略了这样的表达非常发散，容易让对方抓不住重点。

还记得左脑思维的特点吗？具体内容如图 0-1 所示。偏重左脑思维的人关注逻辑，而演讲其实是一个思维发散的过程，演讲者很容易想到哪就说到哪。但来自 IT、金融、咨询、法律、医药等行业的从业者，更容易带有左脑思维的特点，比如思维缜密、逻辑严谨。一旦你在演讲中东一句西一句，没有突出重点，偏重左脑思维的听众可能会质疑你。

著名的咨询公司麦肯锡就曾经得到过一次沉痛的教训。该公司曾经为一家重要的大客户做咨询。在咨询结束的时候，麦肯锡的项目负责人在电梯间里遇见了对方的董事长，该董事长问麦肯锡的项目负责人："你能不能说一下现在项目的结果呢？"由于表达过于冗长，该项目负责人没能在电梯从 30 层到1层的时间内把结果说清楚。最终，麦肯锡失去了这一重要客户。从此，麦肯锡要求公司员工凡事要在最短的时间内把结果表达清楚，要直奔主题、直奔结果。这就是如今在商界流传甚广的"电梯演讲"缘起。

演讲的第一种左脑思维能力就是"概括力"。演讲者应能够把冗长的内容概括成一句话或几个关键字，让听众快速了解演讲者要表达的重点。演讲中，演讲者首先要概括的就是演讲的观点。

第二节　观点，让你的演讲一语中的

观点是什么？就是你在演讲中表达的看法和态度。比如，你的演讲要介绍如何跑步锻炼，这只是一个事实。但如果你说长跑对身体有好处，建议每个人把跑步当作一种习惯，这就是你的观点，代表了你对跑步这个事实的看法和态度。明确的观点会让你的听众深受启发，从而牢牢记住你的演讲内容。

TED是著名的国际演讲分享平台。每年3月，TED大会在美国召集众多科学、设计、文学、音乐等领域的杰出人物，请他们分享各种有意思的想法。这个演讲平台的宗旨就是"传播一切值得传播的创意"。TED 演讲的创始人克里斯·安德森（Chris Anderson）相信，一个好演讲的关键不在于演讲技巧，而是传达一个言之有物、启发听众的观点。他明确表示，每个上台的演讲嘉宾都需要分享一个可以传播的观点。

在 TED 演讲《内向性格的力量》中，嘉宾苏珊·凯恩（Susan Cain）分享了内向的人的天赋和能力。她最后总结概括的观点是："内向的人给这个世界带来了惊人的天赋和能力，这是值得鼓励和庆祝的。"她的演讲引发了社会对内向的人的关注。这个观点也帮助内向的人发现了他们的优势。

在 TED 演讲《肢体语言塑造你自己》中，社会心理学家艾米·卡迪（Amy Cuddy）发现了一个身体语言的秘密："如果我们以一个自信的姿势站着，即使我们不感到自信，这个姿势也能影响我们脑内的睾丸酮和可的松含量，进而影响我们的行为。"她最后总结概括的观点"假装自己可以，直到你真的可以"让人印象深刻。这个观点让很多不自信的人看到了曙光。

这些 TED 演讲的观点帮助听众从另外一个角度去看世界。听众可能会忘记你的演讲，但是他们会记住带给他们启发的观点。你应在演讲前问自己：如果让听众用一句话来总结概括你的演讲，那会是什么？

很多人的演讲没有观点，或者观点不明确，根本的原因有三个：

第一是演讲者并不清楚自己要讲什么，也就是演讲的目的不明确，不知道自己的演讲能给听众带来什么。

第二是演讲者认为听众可以自己总结演讲的观点。但遗憾的是，即使面对同一个演讲，每个听众的理解都是千差万别的。你要明确地告诉听众你的观点，听众才能明白你到底想表达什么。

第三是演讲者的思路过于发散，不断地从一个观点跳到另外一个观点，听众完全不清楚哪个才是重点。演讲者缺乏概括总结的能力。

很多人演讲时容易忽略表达观点。他们可能说了很多，但听众不清楚演讲者想传达的思想到底是什么，演讲的影响力自然也就被削弱了。

我们应该如何概括自己的观点呢？我们可以用两种方法：关键句概括法和关键字概括法。

"右脑人"注意

"右脑人"思路比较发散，有时候会忘记告诉听众他们的观点。这类人平时需要多训练总结概括的能力，比如把一段话总结成一句话。另外，他们还要在演讲中时刻提醒自己表达核心观点。

> **左脑概括力训练**
>
> 平时可多练习一分钟演讲,比如阅读一篇文章、一本书,让自己在一分钟内把内容的要点说出来。写作也可以提高总结的能力,平时发微博或者发微信朋友圈的时候,可有意识地训练自己用最少的文字表达清楚一个观点。

关键句概括法

如果用一句话去概括你演讲的观点,那句话会是什么?在回答这个问题前,有一个更重要的问题需要你思考,那就是你演讲的目的是什么。

观点是为演讲目的服务的。我们需要先清楚演讲的目的,再去概括观点。演讲前,我们需要问自己以下三个问题:

- 听众为什么来听我的演讲?
- 我的演讲目的是告知、说服还是激励听众?
- 如果用一句话来总结概括我想传达的观点,那会是什么?

听众不同,演讲的目的也不一样。常见的演讲目的一般有三个,分别是告知、说服和激励听众。比如:

- 我演讲的目的是告知同事,让他们了解公司的最新规定。

- 我演讲的目的是说服客户，让他们购买我们的产品。
- 我演讲的目的是激励下属，让他们可以更好地工作。

比如，湖南卫视主持人何炅做过一个只有一分钟，但却被网友认为受益匪浅的演讲。何炅在这个演讲的结尾，总结概括了一个新颖的观点。

何炅的演讲是用一个故事开始的。

每个人都说实现梦想的重要性和怎么样去实现梦想，可是大家有没有想过，实现梦想之后，我们会有什么样的感觉？

我想起很多年前，我的一个朋友，他是迈克尔·杰克逊的歌迷，他人生当中最大的一个梦想就是看一场迈克尔·杰克逊的演唱会。可是你知道，迈克尔·杰克逊其实很少来亚洲。

有一年，迈克尔·杰克逊就去了韩国，我这个朋友就想尽办法弄到了入场券，去韩国看了迈克尔·杰克逊的演唱会。他实现了自己的梦想。他很兴奋，因为演唱会非常棒。但是，他在回酒店的路上突然停下来，放声大哭。因为他不知道接下来该往哪去，他不知道人生当中下一件会让他兴奋、让他牵挂、让他觉得自己还有奔头的事情是什么。

所以我在想，也许梦想不仅仅是为了拿来实现的，它存在的意义是让我们明白，有一件事在远远的地方提醒我们去努力，去变成更好的人。

何炅讲的这个故事虽然比较简单,但是其精彩之处在于他的结尾。他把这个故事总结概括为一个很耐人寻味的观点:梦想不仅仅是为了拿来实现的,而是提醒我们可以去努力,去变成更好的人。这个故事可能很普通,但是观点却很新颖,启发听众去重新思考梦想的意义,在演讲中起到了画龙点睛的效果。

我们说过,观点不光要高度概括演讲的内容,还需要为你的演讲目的服务。演讲的目的有告知、说服和激励。何炅这个演讲的目的不光是讲一个故事,还要说服听众去重新定义梦想。

观点不仅能够高度概括演讲的内容,还可以传递演讲者的价值观,与听众产生共鸣。

我在公司做培训的时候,为了烘托气氛,常常会选择一些和培训主题相关的名人名言作为我的观点,它们不仅可以总结我的培训内容,还能传递积极的价值观。

比如,在演讲课结束的时候,我会引用美国作家、诗人马娅·安杰卢(Maya Angelou)说过的一句话"人们会忘记你说的话,忘记你做的事,但绝不会忘记你带给他们的感受",以此来总结我的观点。在领导力课结束的时候，我会引用非洲的谚语"一个人走，可以走得很快；一群人走，可以走得更远"，以此作为我的观点。

每当我用言简意赅的一句话作为观点结尾的时候，我能明显感觉到现场气氛更热烈了，听众通常会报以热烈的掌声。并且，观点越精练并富有哲理，效果越明显。

有一次我给某企业培训沟通技巧，在课程即将结束的时候，我想向听众强调虽然今天教了沟通话术，但比话术更重要的是真诚。我特意引用了赖声川话剧《冬之旅》里的一句话概括我的观点。我是这样说的：

虽然今天教了大家很多沟通的方法，但是我想强调的是，这些只是表达层面的，如果想真正提高你的沟通能力，最重要的是真诚。我有一句话想送给大家："没有一条道路通向真诚，真诚本身就是道路。"

课后有一个听众找到我，说："老师，您最后幻灯片上的这句话特别打动我，我也觉得真诚才是打动别人的关键。"一个好的观点可以传递积极的价值观，和听众产生更深层次的共鸣。因此，演讲者需要以终为始，思考如下问题：我演讲的目的是什么？我要传递的观点是什么？我是否有一个明确的价值观？我应如何用一句话去概括？

关键字概括法

为了让听众能够记住我们的演讲，我们还可以对一句话的观点做概括提炼，得出更精练的关键字。语句越精练，效果越明显。

曾经有人问当时联想集团的董事长柳传志的管理思想，他总结了九个字，那就是"定战略，搭班子，带队伍"。事实上联想集团从小到大，从弱到强，发展到今天是很不容易的。别说用九个字来讲管理，就是用九百个字来讲也不够，但是你会发现这种有高度概括性的观点更容易让人记住。事实证明，这九字"真经"也在企业界得到了广泛的流传。

演讲的观点越精练，越容易让听众印象深刻。如果你可以将你的演讲观点总结概括在 10 个字以内，那么听众会更容易记住。

乔布斯在斯坦福大学的毕业典礼上做过一个演讲，他先讲了自己从大学辍学到创立苹果公司过程中经历的三个故事。在演讲的结尾，他用四个关键词概括了他的整个演讲：Stay hungry, stay foolish（求知若饥，虚心若愚）。乔布斯其实可以用更长的话去表达，但他没有。他知道简洁的表达更容易让听众记住，这样的简洁不光体现在他的讲话上，还贯穿在他独具苹果风格的极简幻灯片上。很多看过乔布斯在斯坦福大学演讲的人,都对他最后这句话记忆深刻,它成了乔布斯演讲的经典佳句。这就是简洁的力量。观点表述得越短,听众越容易记住你的演讲。

由于演讲的信息量比较大,听众可能记不住你的整个演讲,我们需要帮助听众去减少理解和记忆的成本。所以,用10个左右的关键字概括出整个演讲的核心观点,可以让听众印象深刻。

这就是左脑演讲思维的第一种能力,概括力。演讲是一个发散的过程,演讲者需要具备高度概括的能力,能从冗长的内容中提炼并概括出演讲的观点,把啰嗦的长句变成短句或者关键词,让听众更好理解和记忆。除此之外,演讲者在演讲过程中要惜字如金,所说的每句话都要言简意赅。能用一句话说清楚的,不要用两句话。这是大部分人容易忽略的一个能力。请记住少即是多,复杂的终极是简单。

总结

左脑演讲思维的第一个能力:概括力。

先明确演讲目的,再概括演讲观点。

方法一:关键句概括法,是指用一句话去概括你的观点的方法。

方法二:关键字概括法,是指用短语去概括你的观点的方法。

观点的作用:概括演讲、带给听众启发、传递价值观。

读者感想

Review

温增葵 / 今日头条　技术专家

读完左脑观点后，我想起了不久前在公司做过的一次技术分享。技术分享的内容较多，为了让听众更好地了解每个技术原理，我在 PPT 的制作上花了不少时间和心思，本以为效果会比较好，但是最终反响平平。不同听众的反馈中都提到了相同的一点：技术分享的内容很丰富，但是技术要点主次不清晰，技术实现细节和过程赘述冗长，长时间听下来略感疲惫。

看到左脑概括力后，我豁然开朗。当初我在做技术分享时没有将技术要点概括出来并重点去介绍，反而过多地注重技术实现细节和过程，捡了芝麻丢了西瓜，收效甚微。左脑观点也为我以后如何做好一场技术分享提供了非常好的思路。

第二章
左脑结构力

第一节　为什么听众在你演讲时会走神

我曾经在网上看到过这么一则笑话。

有个问题想请教大家。

亲戚介绍了一个女生，很漂亮，也有气质。约会几次后我感觉还不错。今天早上她约我去咖啡馆，她还带了个女伴，长得和她有点像，一开始我还以为那个女伴是她的姐妹，结果她告诉我那是她的母亲。她说她很孝顺，父母离婚早，母女相依为命。她母亲感觉我人还不错，人又实在，所以答应我们交往。谈论到将来结婚的事情，她说将来结婚后，每个周末必须要我回家陪她母亲。当时我脑子有点乱，回到家和家人说了这件事情，我爸妈有点不高兴，争吵中不小心摔碎了手机屏幕。

想问大家，手机店换个手机屏幕多少钱？

我被最后的神转折惊到了。他本意是想问换手机屏幕多少钱，但是，他的话题却从相亲的女生说到了结婚，又从结婚说到了吵架,最后才说到手机换屏幕。读者的思路被他带着一路狂飙,然后一个急转弯。这看似一个玩笑,但却折射出了表达中常见的一个思维习惯——虽然有明确的观点,但是内容杂乱无章,并且内容和观点之间毫无逻辑关系。

如果你遇到了偏重左脑思维的听众,他们会非常关注你的观点是如何推理出来的,是否按照一定的逻辑和顺序来推理。

左脑型听众会特别关注以下三点:

- 你的演讲内容是否紧扣观点,没有不相关的内容。
- 你的演讲是否有一个清晰的结构,层层递进。
- 这个结构的逻辑关系是否成立。

这要求我们在确立演讲观点后,用一个清晰的表达结构去表达,如图2-1所示。这就需要左脑演讲思维的第二个能力:结构力。结构力是指演讲者用一种逻辑清晰、层级分明的结构

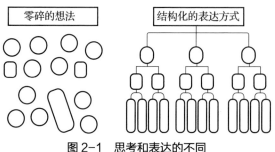

图2-1 思考和表达的不同

化方式去表达。这里面推荐三种最常用的演讲结构，分别是总分总、问题 – 解决方案，为什么 – 怎么做 – 做什么（Why-How-What）。

 "右脑人"注意

由于"右脑人"思路比较发散，有创意，他们的演讲可能会给左脑型听众一种天马行空的感觉。平时要有意识地给自己的演讲套上一个"紧箍咒"，就是结构。

 左脑结构力训练

演讲前最好先写大纲，特别推荐用思维导图去设计大纲。思维导图是一个图形化的大纲设计工具，很适合训练结构化的思维。

第二节 三种结构让你的演讲逻辑清晰

我们先介绍第一种演讲结构：总分总。这是一种常见的演讲结构。

总分总

我们写作文的时候,都学过总分总结构,先总述作文的主题或观点,然后再分点论述,最后再总结。这样演讲的好处是开门见山,直接让听众了解你要讲的内容。

- 总述:演讲的主题或观点。
- 分述:演讲的内容。
- 总结:抛出观点,呼吁行动。

我们先来看一下总分总结构背后的原理。人们在表达中一般采用两种方式,分别是"从原因到结果"和"从结果到原因"。

有一首经典的童谣是这样说的:

少了一个铁钉,丢了一只马掌;
少了一只马掌,丢了一匹战马;
少了一匹战马,败了一场战役;
败了一场战役,亡了一个国家。

这首童谣的表达就是"从原因到结果":因为 A,所以 B;因为 B,所以 C。如此一层层推理出来。因为少了铁钉,所以丢了马掌；因为丢了马掌，所以丢了战马；因为丢了战马，所以败了战役。最后得出故事的结论：亡了一个国家。

这是我们大脑思考的一个常见习惯，也是本章开始讲的修手机笑话的逻辑思路，即先说原因再介绍结果。但对于听众来说，"原因在前"会让讲话变得复杂，听众容易陷入细节而找不到重点。我们建议可以把它改成"从结果到原因"的表达方式，这种方式适合大多数人。它开门见山，让听众一下子就明白你要演讲的重点是什么。

我们可以用总分总结构修改一下刚才的例子。

总述：亡了一个国家。

分述：

1. 少了铁钉
2. 丢了马掌
3. 少了战马
4. 败了战役

总结：亡了一个国家。

在演讲中，总述是我们演讲的主题，也可以是演讲的观点。

我们通过一个实例来看看如何一步步设计总分总的演讲结

构。假如你是一名销售人员,你需要对外做一个有关公司介绍的演讲,那么你需要分三步去设计总分总结构。

第一步:概括总结演讲观点

演讲目的:我演讲的目的是宣传我的公司,说服客户认可它。

演讲观点:为客户带来价值是我们一直的追求。

第二步:整理你的演讲内容

当你准备公司介绍的时候,你的大脑里一开始会出现很多杂乱的信息。

- 公司成立于1980年
- 员工700人
- 品牌故事
- 为30家客户提供解决方案
- 明年将推出5种新产品
- 产品有20多种
- 获得的荣誉

你需要把这些杂乱无章的演讲内容分门别类,将性质相同的内容归类成同一个要点。

你可以参考以下标准进行分类。

- 时间分类：过去、现在、未来。
- 空间分类：北京、上海、广州。
- 属性分类：销售、市场、物流。
- 程度分类：最重要、重要、不重要。

针对这篇公司介绍的演讲，你可以按照公司的过去、现在和未来进行分类，如图 2-2 所示。

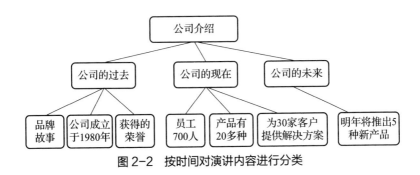

图 2-2　按时间对演讲内容进行分类

第三步：在演讲的开场和结尾分别加上总述和总结

现在你已经有了三个要点了，接下来要做的就是增加开场和结尾。开场总述你演讲的主题或者观点，在结尾总结你的观点。最后这篇演讲的总分总结构如图 2-3 所示。

这就是一个简单的总分总结构的演讲。注意，演讲中要点的数量不要过多，三个要点被认为是听众接受的最好数量。过多的要点会增加听众记忆的难度。

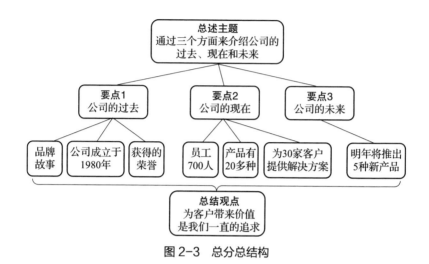

图 2-3 总分总结构

以上是一个简单的总分总结构演讲。接下来,我们来剖析一个真实的总分总结构演讲。

2005 年的夏天,乔布斯受邀在斯坦福大学的毕业典礼上发表演讲,这个演讲后来成为乔布斯众多经典演讲中的一个。在典礼上,他并没有卖弄苹果总裁的光环,而是声情并茂地说了自己的三个小故事,这三个故事也是对他跌宕起伏、光芒四射的一生最为珍贵的提炼。在这个演讲中,乔布斯就用了总分总结构。

(1)总述

我今天很荣幸能和你们一起参加毕业典礼,斯坦福大学是世界上最好的大学之一。我从来没有从大学中毕业。说实话,今天也许是在我的生命中离大学毕业最近的一天了。今天我想向你们讲述我生活中的三个故事。不是什么大不了的事情,只是三个故事而已。

(点评:在这里,乔布斯一上来就直奔主题,告诉大家他要讲三个故事。)

(2)分述

第一个故事是关于如何把生命中的点点滴滴串联起来的……

我的第二个故事是关于爱和损失的……

我的第三个故事是关于死亡的……

(点评:乔布斯分别阐述了三个感人的故事来为他最后表明观点做准备。)

(3)总结

斯图尔特跟他的出版团队在出了好几期杂志后出了停刊号。当时是20世纪70年代中期,我正是你们现在这个年龄。在停刊号的封底,有张早晨乡间小路的照片,就是那种你去爬山时会经过的乡间小路。照片下有行小字:求知若饥,虚心若愚。那是他们亲笔写下的告别讯息,我总是以此自许。当你们毕业并展开新生活时,我也以此期许你们。求知若饥,虚心若愚。非常感谢大家。

（点评：乔布斯在演讲结尾总结了他的观点，提醒这些大学生保持谦逊的态度，不断学习，不断提高。）

乔布斯的这场演讲表达流畅、结构清晰。他在演讲开场直奔重点，告诉听众他要讲三个故事，在听众脑中建立了三个故事的演讲结构。乔布斯在讲完故事后不忘总结他演讲的观点，这时听众可以很清楚地了解这三个故事要传递的观点和整个演讲的逻辑结构。

总分总的演讲结构简单、清晰，好处是容易让听众理解，适合大多数演讲。

问题 – 解决方案

除了总分总结构，第二种比较常用的演讲结构是问题 – 解决方案。在商业场合，听众来听你的演讲，往往是希望解决他们遇到的问题。

记得有一次我和同事一起去一家知名的美国公司谈合作，当时他们想找一个演讲培训师去帮助销售人员更好地在客户面前介绍产品。接待我们的是一位新上任的 HR，沟通风格看起来比较强势、直接。我们通常在会谈的时候会为客户做个公司介绍，所以在一段简单的寒暄后，我的同事就打开了 PPT，开始了常规的公司介绍。

您好，我们公司成立于美国，在中国有两家分公司，目前专注于职场培训，公司总部已经在纽约纳斯达克上市，并且于去年成功收购了一系列的培训公司来扩大我们的业务产品。比如，这家被收购的公司是英国的一家领导力公司……

同事正讲着，客户忽然不客气地打断了我们，问："你介绍的这些收购的企业和我们的业务有什么关系吗？"在那一刻，气氛一下子变得尴尬起来。我忽然意识到可能我们的演讲铺垫得太长了，没有关注客户真正想听的内容是什么。

一个好的演讲应该站在客户的角度去思考：他为什么在听这个演讲？他遇到了什么问题需要解决？客户之所以听我们的演讲，是因为他想听到的是一个解决方案，而不是公司介绍，所以我们遭到了质疑。

于是我决定接替我的同事，用另外一种演讲的思路向客户介绍。当时我想到的是以问题 – 解决方案（见图 2-4）的演讲结构继续我们的演讲。

我快速整理了一下思路，开始了我的演讲。

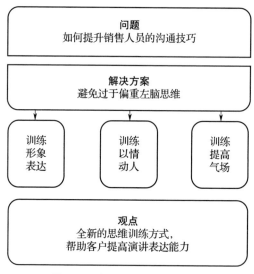

图 2-4 问题 – 解决方案结构

问题：

您好，根据我们的前期电话沟通，我们了解到贵司的主要业务是给企业提供 IT 解决方案，目前遇到的问题是由于贵司内部转岗机制，有近 30% 的销售人员是从 IT 工程师内部转岗而来的，而这部分销售人员在与客户洽谈的时候，虽然专业知识过硬，但是却不擅长和客户沟通，所以贵司希望尽快提升他们的沟通技巧。

解决方案：

问题出现的原因是销售人员在与客户沟通时偏重左脑思维，产品介绍时内容过于专业，导致客户无法理解。

我们可以通过一天的沟通课程来训练员工的右脑形象表达能力和情绪感知能力，使他们能够更好地与客户沟通。这一天课程的具体内容如下：

第一，帮助销售人员把产品术语转化成形象的表达。

第二，帮助销售人员设计产品故事，从情感方面打动客户。

第三，训练销售人员演讲时的肢体语言，比如手势和声音，从而提升演讲的气场。

观点：

我相信这套全新的思维训练方式能够快速帮助您的员工提高演讲表达能力。

这样介绍后，客户再也没有打断我们，最终客户决定和我们公司合作，因为通过第二次演讲，客户能直观地了解我们如何帮他解决问题。而我们之前介绍失败，就是因为太站在自己公司的角度思考问题了。职场中的演讲更需要演讲者快速告诉听众如何解决他们的问题，能够带给他们什么收益。

为了做好问题-解决方案结构的演讲，我们可以在演讲前调研三个问题：

- 我的听众是谁？他们来自哪些行业？
- 他们带着什么问题来听我的演讲？

● 我可以提供哪些解决方案帮助他们？

你提出的问题与听众的关联性越强，听众就越感兴趣。

问题－解决方案结构的演讲最大的好处就是直击听众痛点。演讲者通过问题，迅速为听众呈现他们感兴趣的解决方案。这个结构适用于很多演讲场合，如产品销售、技术演讲、经验分享等。

为什么－怎么做－做什么

学会了总分总、问题－解决方案结构后，我们来学习一个演讲高手常用的结构：为什么－怎么做－做什么。这个结构来自 TED 的一个著名的演讲《伟大的领袖如何激励行动》，演讲者是畅销书作家西蒙·斯涅克（Simon Sinek）。他一开场就问了听众三个问题：

为什么同样生产数码产品，苹果公司的产品能带来与众不同的惊喜？

为什么同样遭受社会歧视，只有马丁·路德·金能够领导美国的民权运动？

为什么有那么多拥有更大资源优势和能力优势的发明者，最后还是莱特兄弟发明了飞机？

西蒙发现，世界上所有伟大的令人振奋的领袖和组织，无论是苹果公司、马丁·路德·金还是莱特兄弟，他们思考、行动、交流沟通的方式都跟普通人的方式大不相同。他们是按照"为什么－怎么做－做什么"的方式来与外界交流的。这个理论由三个同心圆组成（见图2-5），最里面的是为什么（Why），中间的是怎么做（How），最外面的是做什么（What）。

图 2-5 "为什么－怎么做－做什么"结构

一般人在讲话时，习惯先讲"做什么"，再讲"怎么做"，但会忽略"为什么"。而伟大的演讲家和企业家说话则不一样，他们会先讲"为什么"。举个例子，如果你是一家电脑公司的销售人员，你可能这样介绍你的产品：

- 做什么——我们生产电脑。

- 怎么做——它们性能卓越，使用便利。快来买一台吧！

而苹果公司传递信息的顺序恰恰相反：

- 为什么——我们做的每一件事都相信突破和创新，我们坚信应该用不同的方式思考。我们挑战现状的方法，是把我们的电脑设计得美丽、易于使用和界面友好。我们只是在这个过程中恰好做出了最好的产品。
- 怎么做——我们设计出性能卓越、使用便利的产品。
- 做什么——电脑是我们的产品的一种。想要买一台吗？

苹果公司在这里强调的其实是其产品背后的价值观"相信创新"。产品吸引用户，而设计理念可以打动用户。西蒙在演讲中强调：当你谈论你相信的事，你会吸引那些相信你所相信的人们。比如，乔布斯在 iPod 的发布会上说："iPod 不只是一款音乐播放器，我们正在通过 iPod 让世界变得更加美好。"乔布斯赋予了 iPod 一个全新的意义"让世界变得更加美好"，这个理念比起冰冷的 iPod 参数，更容易引发听众情感上的共鸣。

如果我们的演讲只是就事论事，与听众就只是左脑理性的连接；如果我们想要打动听众，演讲就要聚焦在"为什么"上，即价值观、初衷、理念和意义，这样更能从情感上打动听众。

比如，星巴克是一家卖咖啡的全球连锁店，但是其CEO和员工在对外演讲时，并没有过多地介绍自己的咖啡有多么棒，也没有强调自己的咖啡如何与众不同，他们强调的是"为什么星巴克是一个家到办公室的第三空间"，这一点恰恰就是星巴克的独特之处。除了美味的咖啡，星巴克吸引人的还有适合商务洽谈、朋友聚会的温馨环境。这个"为什么"就是星巴克背后的社交属性。

所以，如果你的演讲目的是说服或者激励听众，你可以把想说的内容放在第二位，首先考虑你演讲背后的那个"为什么"。

"为什么–怎么做–做什么"在演讲中也可以调整成"为什么–做什么–怎么做"，最重要的是先表达"为什么"。比如，脸书（Facebook）的CEO扎克伯格在清华做过一场演讲。他的演讲一开始并没有向听众介绍他创立脸书的故事，而是先去探讨为什么创立脸书。

今天我想讨论改变世界的话题。很多人会问你怎么创立企业或怎么解决问题。但是，今天我想要讨论一个不一样的问题。不是"怎么去创立"，而是"为什么创立"，这就是使命的本质。

2004年我创立了脸书，当时我觉得能在互联网上和其他人建立联系是非常重要的。那个时候互联网上有很多网站，你可以找到差不多所有的东西,新闻、音乐、书、要买的东西……但是没有服务帮我们找到生活上最重要的那部分——人。

人是我们生活中最重要的组成部分。请大家看看这个房间,你们看到了什么?不是这个桌子,不是这个椅子,是周围的人。

这是人的特点,每个人都想跟他的朋友和家人联系。当我们可以分享和联系时,我们的生活会变得更好。当我们分享和联系时,我们可以和家人、朋友有更好的关系。我们的企业更强大是因为我们可以和客户进行更好的沟通,社会变得更强大是因为我们知道得更多。

当我创立脸书的时候,我不是要创立一个公司,而是想解决一个非常重要的问题:我想把人们联系在一起。我看中国的公司,如阿里巴巴和小米,我看到了一样的故事。使命会让你更专注。

在这个演讲一开始,扎克伯格就表明了他不谈论怎么去创业,而想谈谈为什么去创业。他先分享了他是如何找到创业的使命的,比如他建立脸书的使命就是为了把人们联系在一起。比起光谈创业的方法,扎克伯格从使命开始谈起,更容易让听众了解他创业的思路和初衷,从思维方式上带给听众更多启发和共鸣。

如果你的演讲是为了说服或者激励听众,那么可以先从"为什么"开始谈起,挖掘演讲内容背后的价值观、初衷、理念、意义，这样会更容易从情感上打动听众。这一点在第十五章中有更多阐述。

我们一共介绍了三种演讲结构，分别是：总分总、问题－解决方案、为什么－怎么做－做什么。不同的演讲结构产生的演讲效果也是不一样的。

总分总结构使演讲清晰简单、开门见山、重点突出，适合大部分演讲，推荐演讲新人使用。问题－解决方案结构适合那些非常清楚听众想要解决什么问题的演讲者使用。为什么－怎么做－做什么结构或者为什么－做什么－怎么做结构，适合演讲目的是说服或者激励听众的演讲者。

偏重左脑思维的听众关注逻辑。这就要求我们在演讲中把容易发散的表达整合成逻辑清晰、层次分明的表达。这就是左脑演讲思维的第二个能力：结构力。

> **总结**
>
> 左脑演讲思维的第二个能力：结构力。
>
> 方法一：总分总。
>
> 方法二：问题－解决方案。
>
> 方法三：为什么－怎么做－做什么或者为什么－做什么－怎么做。

> **读者感想** Review
>
> 张宝珍 / 通用电气　财务控制
>
> 　　我的工作是在通用电气公司负责项目财务控制。随着美国总部新的收入确认准则的执行,我需要准确及时地确认成本,培训重要的负责人,让他们了解并熟练掌握和操作成本的确认。如何做好培训很是让人头疼。
>
> 　　通读全文之后,我发现演讲结构问题－解决方案,似乎能解决我的问题。我可以按照这个思路,在培训中以听众的问题为导向,站在对方的角度考虑问题,并给出解决方案。这样做简单明了、效率高。

第三章
左脑论证力

第一节　为什么听众会质疑你的演讲

在瑞泽的年度销售会议上,全国销售总监和各大区销售负责人就1~8月的业绩展开讨论。张总说:"根据我们今年的目标,第一个季度,虽然增长缓慢,但是我们勉强完成了目标,达成率是100.1%;第二季度市场回暖,达成率是105%;第三季度原本是最有希望的时期,可是现在已经8月了,你们看看,达成率才60%。来来来,咱们各大区的负责人都说说吧,什么情况?"

华北区的负责人王凯首先发言:"最近的经济形势不是很好,客户预算开始收紧,销售们目前都在加班加点。今后,我们会加强市场推广,争取在第三季度完成任务。"

听完王凯的发言,张总不禁皱起了眉头,把头转向了华东区的负责人陈刚。

陈刚整了整手里的笔记,冲着张总说:"华东区在第三季度7~8月的销售额是200万元,比去年同期低了20%。我们调查了一下,发现目前客户中有30%的客户因为目前经济不景气,资金受到了影响，所以减少了采购量；有20%的客户明确表示，他们的采购量并没有变化，只是推迟了采购周期；剩下的50%客户采购计划不变，应该能够在9月下订单。"

"我们已经采取了补救措施，7月我们已经将销售区域从华东区一二线城市拓展到三四线城市，比如菏泽、连云港、安庆、九江等十个城市，目前已有三个客户正在洽谈合作中，如果成功签单，我们9月的达成率可达105%。"

听完陈刚的发言，张总满意地点了点头。

为什么同样是汇报，王凯的发言让张总皱起了眉头，而陈刚的发言却能让张总满意？我们可以看到一个细节，那就是王总说话的时候喜欢加上数字，比如在说第一季度的达成率时，张总举的数字是100.1%。这个数字非常精确，可以表明张总比较注重事实和细节，是个左脑人。但是王凯的汇报只是笼统地介绍了一下，并没有提供任何事实和数字，所以根本不能说服张总。而华东区的陈刚就不一样了，他从问题原因到解决方案，列举了很多事实和精确的数字，整个汇报有理有据，最终打动了张总。

"左脑人"关注的是事实，他们如果觉得你的演讲不符合事实，很多时候会当场质疑你的讲话。所以，我们在面对左脑型听众时，需要思考如何让演讲变得更加的严谨和可信。

如果你是右脑型演讲者,就需要注意避免过于主观感性的讲话风格,多增加一些严谨客观的内容。

这就需要你掌握左脑演讲思维的第三个能力——论证力。论证力就是在演讲过程中,演讲者通过客观事实证明演讲观点的能力。增强论证力的方法有三种(见图3-1):举例、数字和引用。

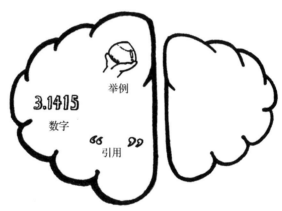

图 3-1　增强论证力的三种方法

"右脑人"注意

"右脑人"在演讲中擅长带动气氛,但如果遇到严谨的左脑型听众,需要避免过于煽情的表达,多去思考如何从不同的事实层面去论证自己的观点。

> **左脑论证力训练**
>
> 平时可多看一些辩论节目,锻炼以理服人的能力。在演讲中多举例子。

第二节 举例,让你的演讲更可信

举例是指通过列举有代表性的、恰当的事例来进一步说明事物或事理的方法。对于偏重左脑思维的听众来说,他们更喜欢客观事实,而偏重右脑思维的人则喜欢感性的表达形式。在描述同样一件事情时,"左脑人"和"右脑人"的表达是不一样的。

右脑思维方式

牛郎织女一年一度相会实在是浪漫至极,正所谓"两情若是久长时,又岂在朝朝暮暮"。

左脑思维方式

你说的是天鹰座 α 星和天琴座 α 星吗?依据恒星寿命计算,它们一年相遇一次,大概相当于人类的 3 秒相遇一次,这都没烦,可见是真爱。

通过这两个例子可以看出，右脑思维描绘的是感受，而左脑思维表达的是事实，比如牛郎星和织女星的学名，还有它们相遇的概率。

用听众熟悉的事实举例

2018年，有一个视频刷爆了朋友圈，受到很多公众号转载，标题无一例外都写的是"可能是朋友圈最好的演讲"。这个演讲发生在一个高中的年级大会上，校长正在用心良苦地给学生讲他们毕业后的规划。他是这样说的：

再过三年，你们就会去到自己想去的国家，上自己想上的大学。

再过五年，你们会开启自己的职业生涯，在座的很多同学会进入世界顶尖公司工作。

然后，你们会结婚，买房。

十年之后，你们的人生就会安定下来。

再过十五年，你们就30岁了，你们的人生轨迹就会定型。

校长用了不到一分钟的时间，为同学们规划了美好的蓝图。这时，沉默的听众中有人举起了一只手。一位小哥走到台前，自信满满地说："不好意思，校长，我想告诉你为什么你的这些话是错的。"

我想说的是,人生中的每一件事都取决于我们自己的时间。

你身边有些朋友或许遥遥领先于你,有些朋友也许落后于你,但凡事都有它自己的节奏。他们有他们的节奏,你有你自己的节奏,耐心一点。

马克·库班[一]25岁时还只是达拉斯一家酒吧的酒保。被出版商拒绝12次后,J.K.罗琳32岁时才出版《哈利·波特》。阿曼西奥·奥特加[二]在39岁才创办了Zara。摩根·弗里曼[三]52岁才在演艺事业上有了重大突破。史蒂夫·卡瑞尔[四]过了40岁才红。

25岁后拿到文凭,依然值得骄傲。30岁还没结婚,但过得开心也很美好。35岁后成家也没什么不可以。40岁后再买房也不丢人。

不要让任何人用他们的标准来打乱你的节奏。

当说完最后一句的时候,所有同学都站了起来,为这段精彩的演讲鼓掌。这位小哥演讲的观点是"每个人都有自己的节

[一] 马克·库班(Mark Cuban),美国知名的投资人之一。
[二] 阿曼西奥·奥特加(Amancio Ortega),西班牙服装公司Inditex的创始人。
[三] 摩根·弗里曼(Morgan Freeman),美国演员、导演。
[四] 史蒂夫·卡瑞尔(Steve Carell),美国演员。

奏，不要让别人影响你"。演讲者举了很多大器晚成的例子。例子中的主人公都是听众所熟知的名人，用他们举例会很有说服力。

除了这些大众熟知的例子，演讲者还可以拿自己的亲身经历举例，这样更能打动听众。

用演讲者的经历举例

说话达人秀《奇葩说》有一期的辩题是"键盘侠是不是侠"，反方的观点是"键盘侠不是侠"。为了证明这个观点，辩手陈铭一上来就举了个反例。

去年六一儿童节，我在微博上发了和大女儿的合影，祝福女儿节日快乐。

没想到，有人在我的微博下面留言，说："这个孩子真的丑，没差了。"那一瞬间我的情绪迅速涌了上来，我迅速把手机打开，点开回复，马上就要质问"你骂谁呢？"。我老婆忙劝我，算了算了，别和他一般见识。

你告诉我，这样的键盘侠，"侠"在哪里？

陈铭举的这个例子，反映了网络上的一个事实，那就是键盘侠不一定都是"侠"，有的人只是网上骂骂人，并没有干什么侠义之事。由于这个例子来自陈铭的亲身经历，瞬间引发了现场观众的共鸣，赢得了投票。事后也有网友议论这种网络暴力。

演讲中，演讲者列举亲身经历的事情，从情感上会更有说服力。

但是举例一定要分场合，并不是每个例子都可以起到积极的作用。如果你的例子不以客观事实为依据，过于主观，会引发听众的质疑和不满。

举例要恰当

某企业董事长在一次公开演讲中，在提出他的观点"衡量评价的方向决定了教育的方向"后，用女性挑选男性的标准作为例子，这个例子立刻引起了网络热议。

这个例子显然出于演讲者的主观判断，没有事实依据。同时，这个例子也没有考虑可能给女性听众带来的负面影响，传递了错误的观点。举例是把双刃剑，一个依据客观事实的例子可以增强说服力，而一个未经深思熟虑的例子则会适得其反。

我们在演讲时既要举例子，又要谨慎地挑选例子。我们要考虑自己举的例子是否客观，依据事实？是否和我们的演讲身份、演讲的场合和听众的层次匹配？这样才可以让例子更好地说服听众。

第三节 数字,让你的演讲更精确

我在给沃尔沃公司的员工培训演讲技能的时候,曾经以它们公司的介绍为例,问学员哪个例子更让人印象深刻。

1. 沃尔沃的规模非常大,在很多国家都有分公司,并拥有很多雇员。
2. 沃尔沃是世界第二大重型卡车和大型客车制造商,第三大建筑设备的制造商。在近20个国家设有生产基地,并在180多个市场从事经营活动,全球雇员约90000人。

很多学员会选择第二个例子。原因是第二个例子有数字,显得更加真实、可信。我们的左脑对数字非常敏感。同时数字比较客观,可以把举的例子量化,让例子更加具体、可信。

数字和举例结合

2017年9月26日,马云在多伦多举办了一场"中小企业主论坛"。据说在论坛开始前,原定500张的门票竟然售出了3000多张,并且离论坛开始还有3个小时,会场外就排起了长队。

为了吸引加拿大的中小企业主入驻天猫商城，马云在演讲中，用数字描述了中国这个巨大的市场。

中国有5亿人开始在网上购物。每年有1.3亿中国游客在全球旅游。这是一个移动的国家。

你知道中国人每年吃掉多少鸡吗？70亿只鸡。这都相当于人类总量了。

马云为了展现中国市场的巨大，特意在中国的购物、旅游和饮食中用了具体的数字，比如5亿人购物、1.3亿人旅游、吃掉70亿只鸡。这些数字对于人口不多的国家来说，可谓是太有震撼力了。

我们在演讲中，可以在举例的时候加上数字。 但是，高手用数字，还有一种更厉害的境界。

数字转换更形象

一般人在演讲中可能只是用数字，但是这样做也有一个弊端，就是老用数字会比较枯燥，听众可能有些陌生。这里其实有一个技巧，当数字过于抽象的时候，把数字和听众熟悉的概念连接起来，这样听众就好理解了。

比如，2018年有一个新闻，某明星因偷税漏税被罚款超

8亿元,这件事情一出来网上立刻炸开了锅,很多网友都在讨论8亿元是什么概念。这个数字离老百姓太遥远了。但是,有一些网友给出了更清楚有趣的解释。

刚出库的新钞,一张百元的重量约为1.15克,一万元新钞就是115克,100万新钞就是11500克,也就是23斤。1亿元的重量就是1.15吨。

就算每天都中500万元的彩票,还得中半年。年薪20万元,你得赚4000多年。

有没有发现,8亿这个数字瞬间变得有趣多了?这就是把枯燥的数字和人们熟悉的概念相结合的效果。听众可能不知道8亿元是多少,但是如果和重量、彩票、年薪这些听众熟悉的事物去比较,听众就很容易理解了。

当演讲中引用数字的时候,你可以用听众熟悉的概念再解释一遍,这样会使数字更加形象,便于听众理解。

罗振宇在《时间的朋友》演讲中提到了小米这个品牌,他是这样介绍的:"小米之家,坪效27万。"说完"坪效"这个词,罗振宇知道听众可能对此不太熟悉,他又补充说:"就是1平方米的店面面积一年卖出27万元的货。"按理说完这句话,罗振宇就可以结束这个概念的介绍了,但是精通表达的罗振宇知道，听众可能还是没有理解这个数字。

于是，罗振宇开始用苹果电脑做对比："这在线下零售是什么概念，全球第二，仅次于苹果店。"听众可能不太理解"坪效27万"到底如何厉害，但是当罗振宇特意把它和苹果店的销售做对比时，听众能够感受到"坪效27万"意味着什么。

但罗振宇没有就此打住，他还要再把"坪效27万"和听众熟悉的例子进行连接，继续增强这个数字的冲击力。他是这样说的："一个小米线下店的坪效，是（相当于）4.5个优衣库，6个海底捞，6.7个星巴克。"优衣库、海底捞和星巴克都是听众熟悉的，和它们对比，听众就能更好地理解小米坪效的厉害之处了。

所以，在演讲中，多把抽象的数字转化成听众熟悉的概念，这样听众才能感受到数字的力量。

第四节　引用，让你的演讲更权威

有一篇叫《哈佛凌晨四点半》的公众号文章遭朋友圈疯狂转发。文章是这样描述的：凌晨四点多的哈佛大学图书馆里，灯火通明，座无虚席，莘莘学子已经坐满图书馆，静静看书、认真做笔记、积极思考问题……这篇文章瞬间获得大量转发。

但是，后来真正去过哈佛大学的人发现，四点半的哈佛图书馆并不是文章描述的那样人山人海，只是一些公众号为了吸引读者，特意用哈佛大学这面大旗。不仅是凌晨四点多的图书馆，从哈佛校训到哈佛箴言……仿佛只要和这所顶尖名校沾上边，就会立即成为令人信服的鸡汤。

这就是利用了人们容易接受权威的暗示的心理。在畅销书《影响力》中，作者罗伯特·西奥迪尼（Robert Cialdini）介绍了提高影响力的五条原则，其中一条就是权威，他是这样阐释的：

人们通常会觉得自己有责任或义务接受权威者的要求，这是因为从小时候开始，我们的教育就告诉我们要服从权威。

比如，日常生活中拍广告的多数是那些有名的歌星、影星。名人身上仿佛带着一种光环，会影响消费者对品牌的认知。比如，运动鞋新百伦（New Balance）就有一个别称叫"总统慢跑鞋"，因为美国很多总统都穿过它去跑步。总统的光环无形中增强了该品牌在消费者心中的口碑。

权威性也可以应用在演讲中，比如在演讲中引用名人名言。

引用名人名言

名人名言具有一定的权威性，同时也包含了成功人士智慧的结晶和经验的提炼。同时，名人名言的文学艺术性也很高，比如文字精练、朗朗上口，会给听众一种听觉上的享受。

湖南卫视主持人汪涵在央视的《开讲啦》做过一次演讲，题目是《不要轻视行动的力量》。他在里面引用了著名哲学家塞内加的话。

所有的事情，我都特别开心地去做。不管是什么情况，我都接受；再尴尬或者再难堪的局面，我都一定要扛下去。因为面对困难无非三点：度过困难，你有度过困难的智慧；面对困难，你有面对困难的勇气；绕过困难，你有绕过困难的狡猾。多好，你还要生命教你什么？你还要这个舞台教你什么？

塞内加说过这样一句话："何必为部分生活而哭泣，君不见全部的人生都让人潸然泪下。"但是，我想他所呈现的应该是这样一种情绪：既然我们都知道最终的归宿是那样，我们何不开开心心地、欢声雀跃地、一蹦一跳地朝着那样的一个归宿走去。

汪涵这个演讲谈论的是人生的困难，而他引用的也是哲学家塞内加关于痛苦的感悟，可谓是相辅相成。引用的名人名言和你演讲的主题越贴切，说服力越强。如果你的演讲是关于职业发展的，那么你可以引用乔布斯的话："成就一番伟业的唯一途径就是热爱自己的事业。如果你还没能找到让自己热爱的事业，继续寻找，不要放弃。跟随自己的心，总有一天你会找到的。"乔布斯的成功经历足够证明他说话的分量。

除了名人名言，我们还可以在演讲中引用一些权威机构的调研结果来增强我们观点的说服力。

引用权威机构的调研结果

偏重左脑思维的人关注事实，会特别注意你演讲中的内容是否经过客观验证。我们在演讲中可以引用一些被验证过的权威事实，比如一些知名大学、知名机构的调研结果。

美国人罗恩·古特曼（Ron Gutman）在准备 TED 演讲《微笑背后的力量》时就做了大量的调研工作。他在演讲一开始先引用了两所知名大学对微笑的调研结果。

加利福尼亚州是我旅程的起点，我学习了加州大学伯克利分校一项长达 30 年的研究。这项研究对一本旧年册上学生的照片进行分析，试图对他们毕生的成功与幸福进行预测。通过衡量学生的微笑，研究者们得以预测一个研究对象的婚姻持续时间与美满程度，她在幸福感标准考试中能够得多少分，以及她能给其他人带来多少启发。在另一本年册中，我翻到了美国前总统的照片。第一眼看到这张照片时，我以为他的超能力来自他超大的领子，但是现在我知道其实来自他的微笑。

另一项令人顿悟的研究是在2010年由韦恩州立大学进行的。这个项目研究了20世纪50年代前美国职业棒球联盟球员。这些研究者发现，通过一个球员笑容的绽放程度，能够预测其寿命的长短。没有在球员卡上露出笑容的球员平均寿命只有72.9岁，而那些微笑的球员平均寿命将近80岁。

罗恩演讲的观点是"微笑可以让我们更健康"。这两所知名大学的研究辅助证明了他的观点的科学性。为了进一步证明，罗恩又引用了一系列权威的调研结果。

"知名面部表情专家保罗·艾克曼的研究"

"瑞典乌普萨拉大学的研究"

"法国克莱蒙费朗大学的实验"

"宾州州立大学的研究"

这些来自众多世界权威机构的研究结果，轻松帮助罗恩让听众接受了他的观点"微笑可以让我们更健康"。如果你的演讲总是聚焦于感性的表达，并不足以说服严谨的左脑型听众，那么你需要为你的观点收集不同的证明资料。

我所在的国际演讲协会的手册中就有一种练习叫"调研你的演讲"，目的就是让演讲者学会在演讲前从不同的渠道收集信息，比如引用来自新闻、书籍、科研机构的调研结果，这样会让演讲听起来更加严谨可信。

偏重左脑思维的听众关注事实数据，这就提醒我们在演讲前，从多个角度用事实去论证我们的观点，比如举例、数字和引用。这就是左脑演讲思维的第三个能力——论证力。

> **总结**
>
> 左脑演讲思维的第三个能力：论证力。
>
> 方法一：举例。1.举听众熟悉的例子；2.个人经历；3.举例要恰当。
>
> 方法二：数字。1.数字和举例结合；2.数字转换更形象。
>
> 方法三：引用。1.名人名言；2.权威机构的调研结果。

> **Review 读者感想**
>
> 张清玥 / 领英　资深企业顾问
>
> 我以前更偏重右脑思维，在演讲中会由于缺乏严密的逻辑和论证而无法充分地表达和展示自己。而这一章介绍的左脑技巧，尤其运用数据和恰当引用给了我较大启发，在刚过去的年度工作总结中，我对比总结不同季度的工作数据，简明直观地凸显了工作业绩，获得了老板的肯定。

第四章
右脑联想力

2008年，美国《时代》杂志选出当年最具影响力的100位世界人物，美国印第安纳大学医学院神经解剖学家、毕业于哈佛医学院的吉尔·泰勒（Jill Taylor）博士被选入名单。她的很多成就都是因她中风进入右脑神奇世界后获得的。

1996年的一个清晨，泰勒博士颅内血管破裂，最初她并不知道，只是感到左眼后部疼痛，随后她的左脑在四个小时内逐步被关闭，丧失了语言辨识和用语言进行思维的能力，对过往的大部分记忆和自我意识也消失了。

与此同时，她的右脑仍在正常工作。她开始体验到一种极度奇特的感觉，自己与周遭一切物体不再有边界区分，只有此时此刻内心深度宁静平和。

这种"右脑"状态至少持续了五周。泰勒博士经历了一段没有左脑的评判，只靠右脑直觉的生活。经过长期的治疗，她的左脑慢慢恢复了功能。当参加美国著名电视节目《奥普拉脱口秀》时，吉尔·泰勒博士满怀深情地说道："只要人们愿意，就能靠着意识跳出左脑,进入右脑寻找这份安详。我相信,如果我们愿意花时间启动右脑,我们就可以把更多的安详和平和投射到这个世界上,我们的地球也将变得更平和。而我认为,这是个值得传播出去的想法。"

泰勒说,我们绝大多数人之所以没有体验到、看到世界和宇宙的这个奇妙的一面,是因为我们从小接受的鼓励和教育,大都是侧重左脑功能的使用。只偏重左脑思维,让我们放弃了跳跃的思维和奇幻的想象力,让我们的生活变得程式化。**而右脑关心当下的事物,它用图像的形式来思考,富有无限的创意,情感丰富,往往通过直觉来做出最符合内心的决定。**

泰勒的中风体验向我们展示了一个真实的右脑世界。但是一直以来,我们都重视左脑。现行的教育和教学方式在很大程度上忽视了右脑的作用,只重视了左脑的开发。

过去,公司比较注重学科知识和技术能力等"左脑型"技能;而现在,公司开始注重创造力、想象力、情商等右脑技能。

我们的演讲也面临同样的情况,越来越多的听众不喜欢听大道理和分析数据,他们更想听到的是有趣、感人的演讲。虽然陈述事实很重要,但是想要让听众喜欢和爱听,却必须要学会用右脑的思维方式表达。

让我们暂时关闭一下擅长逻辑和推理的左脑，一起来探索和应用我们富有想象力和情感的右脑演讲思维。

第一节　为什么你的演讲让听众打哈欠

我在演讲的时候会特别注意听众的现场反应，特别是通过他们的身体语言。比如，当听众出现打哈欠、眼神游离、看手机、低头等动作的时候，我就提醒自己，听众的注意力开始转移了。

你可能会问，我已经学会左脑演讲思维的三大技巧，有概括、有结构、有论证，那为什么还是无法让听众集中注意力呢？原因很简单，**因为框架清晰、观点确凿的左脑演讲可以让听众听明白，却不能让听众产生感兴趣的右脑画面**。还记得左右脑思维方式的不同吗（见图0-1）？

图片比文字更加形象生动，同时，图片有助于听众记忆。我们传统的记忆方式是声音记忆，但是图像记忆的效率更高、保持时间更长。很多演讲者只知道用一些晦涩的词语，导致听众的大脑无法将文字转换成图像。

举个例子。大家都有过背单词的经历，这个过程非常枯燥。假如你要学习一个新单词，是 adamant，这个词的意思是"坚定的"。你现在是否记住它了？

我们换一种记忆的方法。我们可以把这个词拆解为三个部分：分别是 a（一只）+dam（大坝）+ant（蚂蚁）。

现在请你想象一下：这是一只（a）站在大坝上（dam）的蚂蚁（ant），虽然说风浪很大，但它依然屹立不倒，它是不是很"坚定"？

你的大脑中是不是已经出现了那只屹立不倒的蚂蚁？这个过程就是把文字转换成图像，可以帮你更好记忆。

这就是右脑演讲思维的第一个能力——联想力。它是指演讲者能够把抽象、理性的文字用形象生动的画面去表达，让听众不光听到演讲，还能看到演讲。偏重左脑思维的人容易关注演讲的事实和逻辑，忽略有趣的表达形式。而如果想让听众感兴趣，演讲者就需要发散思维，通过不同的联想，在听众的大脑中创造一幅幅栩栩如生的画面。

如何用好联想力呢？我们可以用比喻和类比两种方法，如图 4-1 所示。

图 4-1 右脑联想力的两种方法

"左脑人"注意

偏重左脑思维的人比较聚焦演讲内容之间的逻辑关系,需要提高的是发散思维能力,比如从 A 联想到 B。比喻和类比就可以锻炼这个能力。

 右脑联想力训练

训练自己的形象表达能力,平时可随机找一些图片,然后根据图片的内容即兴演讲。可以多读一些诗歌,学习诗歌里丰富的比喻技巧。同时练习视觉化思考,可参考《餐巾纸的背面》一书。

第二节 比喻,让你的演讲更生动

有一次我和好朋友出去喝茶,到吃晚饭的时间时,我们开始讨论去哪里吃。我这人怕得罪人,就开玩笑地说:"去吃你爱吃的烧烤吧。我可不敢吃别的,要不你那张脸又得耷拉到地上了。"

听完我这句话,我的朋友笑个不停,一边笑一边问:"我的天,脸耷拉在地上得是个什么样子啊?"

不知道你是不是也已经联想到那个画面了。我生活的地方有很多俏皮话很有画面感：

"你的嘴怎么这么甜？是不是吃蜂蜜了。"

"别再挤我了，快成相片了！"

这些俏皮话的背后其实都是我们的右脑在发挥它的作用。把嘴甜说成吃蜂蜜，把人比喻成相片。这些生动的比喻帮助听众也联想起这样的画面。

比喻就是通常说的打比方，利用右脑的联想力，找到两个事物的相似之处，用浅显、具体、生动的事物来代替抽象、难理解的事物。比喻的基本结构分为三个部分：本体（被比喻的事物）、喻词（连接本体和喻体）和喻体（比喻的事物）。

比如，知乎上就有这样一个问题：你听过最好的比喻是什么？有一个热门的答案是：

约翰·克特兰㊀有一次掉了一颗门牙，迈尔斯·戴维斯㊁说他笑起来像钢琴。

㊀ 约翰·克特兰（John Coltrane），爵士乐历史上伟大的萨克斯管演奏家之一。

㊁ 迈尔斯·戴维斯（Miles Davis），被认为是20世纪有影响力的爵士乐大师。

这里面，缺少了一颗门牙的牙齿（本体）就被比成了黑白分明的钢琴琴键（喻体）。你的脑中是不是已经有了一排牙中间缺一颗的画面？因为这个形象的钢琴比喻已经帮你联想到了那个画面。

比喻借用了第三方形象的图画，帮助听众更好地理解陈述对象。它能激发听众的想象，使演讲通俗易懂、易于理解。比喻常常用于需要解释的场合。

解释

在演讲中，演讲者经常需要向听众解释一些概念或方法，很多人会讲得很直白，但是这样讲比较抽象，不好理解。我们可以把抽象的文字换成形象的比喻来说明。

举个例子，罗振宇从 2015 年开始，每年都会做一个长达四个小时的跨年演讲。在 2016 年，他在演讲开场提到了三个重要的新闻事件，形象地把它们比喻为"黑天鹅事件"。

2016 年有所谓的三大"黑天鹅事件"。3 月 15 日，Alpha GO 击败了冠军棋手李世石。6 月 24 日，英国举行全民公投，决定脱离欧盟。11 月 9 日，特朗普当选美国总统。这三件事号称 2016 年的三大"黑天鹅事件"。

"黑天鹅事件"意味着不可预测的重大稀有事件，它在意料之外，却又改变着一切。这背后还有一个故事，在发现澳大利亚的黑天鹅之前，欧洲人认为天鹅都是白色的。但随着第一只黑天鹅的出现，这个不可动摇的信念崩塌了。所以就有了"黑天鹅事件"的名称。

罗振宇在开场用"黑天鹅事件"比喻2016年的新闻事件，形容了那些出人意料的事件。在接下来的演讲中，罗振宇继续以"黑天鹅"为主线，介绍了2016年发生的五个创新的事件。

第一只"黑天鹅"：时间战场。

第二只"黑天鹅"：服务升级。

第三只"黑天鹅"：智能革命。

第四只"黑天鹅"：认知税。

第五只"黑天鹅"：共同体危机。

罗振宇知道直接讲这五个概念是枯燥的。所以，他分别用"黑天鹅"做比喻，增强了画面感和新奇性，也加强了概念的冲击力。

罗振宇在2017年的跨年演讲上，依然用比喻包装概念。他先提出了六个问题，然后在PPT上展示了六个答案。这六个答案分别是：

1. 动车组脑洞
2. 热带雨林脑洞
3. 比特化脑洞
4. 拔河脑洞
5. 终点站脑洞
6. 枢纽脑洞

动车、热带雨林、拔河，光看这些熟悉的名字你能猜出他们的含义吗？如果你产生了好奇的感觉，那么当天现场观众也会有这样类似的感受。罗振宇就是要用生动的比喻去调动听众的好奇心，并且这些比喻又能更好地帮助他去解释。

罗振宇在演讲中提的第二个问题是：我们刚刚进场，怎么找到新的玩法？为了回答这个问题，他做了如下比喻。

这个问题让我想到亚马孙热带雨林。它有约700万平方公里，是地球上最大的独立生态系统。光昆虫大约就有250万种，动物、植物很多都是别处没有的。

商业环境跟亚马孙热带雨林一样，有足够的规模和内部多样性。你看，这就是大生态系统的好处。不管它原来有多少古木参天，也不管它原来有多少野兽成群，都会有新机会出现。

比喻是罗振宇在演讲中非常爱用的一个技巧，他善于举一些听众耳熟能详的例子来帮助他去解释。在这个例子里，罗振宇为了表达市场机会多，给予听众足够的信心，特意用了物种丰富的亚马孙热带雨林来比喻。看到这个名字你是否联想到了参天的大树、茂密的绿色植被和色彩斑斓的鸟类？这些画面都会加强你对罗振宇口中的"商业环境多样性"的理解。比喻的好处就是形象生动，能让听众触类旁通。

在演讲中，我们要多思考如何利用右脑的联想力，把抽象的词转换成形象的词语。比如，我们可以把解决问题比喻成"一把钥匙开一把锁"；我们可以把个人成长比喻成"操作系统升级"。把抽象词语形象化，不光让听众听到，还要让听众看到，生动的画面更容易让听众理解和记忆。

第三节　类比，让你的演讲更形象

类比和比喻很像，也是右脑一个强大的解释和说服方法。它有助于听众理解原本很难理解的事情。它的方法是，为了解释或说服一个抽象的观点、道理 A（又叫客体），先用一个和 A 有共同特征，并且听众熟悉的例子 B（主体）去解释，从而让听众触类旁通。比如，上学的时候，老师对你说："你这样学习可不行啊，三天打鱼，两天晒网。"这句话就是类比，老师用你熟悉的例子"打鱼"去劝你"好好学习"。这两件事有共同特征，就是都需要付出努力才能有收获。

在培训课上，有一个时间管理的类比让我印象特别深刻，它是这样说的：

> 如果有一家银行，每天早上都在你的账户里存入86400元，你需要把这笔钱花完，不能留到第二天，因为第二天你又会有86400元进账，如此循环往复，你会如何处理这笔钱？
>
> 其实你们每个人都有86400元钱。你们每天都有24个小时，每个小时是60分钟，每分钟是60秒，加在一起就是每天拥有86400秒，第二天你们还是会拥有同样的86400秒。请问，你们是如何用掉这些时间的呢？

这个类比就是利用金钱和时间的共性"可支出"，用86400元钱去类比86400秒。通过花钱的例子，从另外一个角度去启发听众思考时间的支出是否合理。

类比在演讲中的主要作用是说服。它可以帮助演讲者深入浅出、形象生动地解释复杂的内容，从而达到说服的目的。

说服

龙永图曾经是中国加入 WTO 谈判的首席代表。他善于使用类比来说理论道，令话语趣味盎然，非常精彩。

有一次，龙永图演讲完毕，一位老人挤到他跟前，困惑地问："我搞了一辈子外贸，从来没觉得加入世贸组织有啥好。何况，入世后，会发生贸易摩擦，这对咱们有什么好处？"为了给老人解释清楚，龙永图特意用了两个通俗易懂的类比来回答。

国际大市场就像菜市场。以前咱们中国贸易量很小，就像是一个担着小菜的个体户，今天担着白菜卖卖，明天担着萝卜卖卖。那些大户一看，对他们的生意没多大影响，就算了。可现在，中国的贸易量越做越大，再不加入世贸组织的话，就出问题了。加入世贸组织以后，我们就成了市场里一个固定的客户，在整个市场中就有了身份，合法权益就会受到保护。

至于处理贸易摩擦，加入世贸组织对我们有百益而无一害。这就好比一个大个子和一个小个子打架，大个子喜欢把小个子拉到阴暗角落里单挑，而小个子则愿意把冲突拿到人多的地方去，希望有人出来主持公道。我们加入世贸组织后，一旦发生贸易摩擦，就可以通过多边争端机制解决问题，让大家伙儿一起来评理。这对我们不是更有利吗？

龙永图懂得把专业的内容讲得深入浅出。面对老人的疑问，如果直接讲世贸组织的概念，恐怕过于专业，所以龙永图就用老人更好理解的菜市场去解释。当谈论贸易摩擦时，龙永图又巧妙地用街边打架做解释，把发达国家和发展中国家换成形象的大个子和小个子去解释。这样做的好处是，你举的例子越贴近听众的经历，听众就越好理解。一旦听众理解了，你的演讲也就达到说服的目的了。

我也成功地用类比说服过我的一个客户。某企业 CEO 想找一个演讲老师做一对一的演讲辅导。当介绍完我的个人背景后，CEO 只问了我一个问题："你觉得你和其他演讲培训师的区别是什么？"我想直接介绍自己拥有七年的演讲培训经历，和两届全国演讲冠军的称号。但是我灵机一动，即兴用了一个类比去回答："假如您想学长跑，您是想找一个教过很多人长跑但没有拿到一个长跑冠军的教练，还是去找一个教过七年长跑，同时自己拿到两个长跑冠军的教练？"说完这话，这位 CEO 笑了笑，转过头跟他的秘书说："要不我们就先跟大卫老师学十次课吧。"

就这样，客户被成功说服。很巧的是，这位 CEO 很喜欢跑步，而我的这个跑步的例子正好和他的经历相关，所以打动了他。如果我直接提演讲比赛冠军，客户在并不熟悉演讲圈子的情况下，不会产生共鸣。但如果我提长跑比赛，这对 CEO 更熟悉，也容易触类旁通。这就是类比通过听众熟悉的概念可以说服听众的原因。

和比喻一样,类比的背后是右脑强大的联想力,它将抽象的道理替换成形象化的画面,让听众更好地理解你要传递的观点。如果你觉得听众平时不爱听你的演讲,可能因为你总是理性地讲述事实,没有给听众描绘出生动的画面。你需要用比喻或类比让演讲更加生动。

> **总结**
>
> 右脑演讲思维的第一个能力:联想力。
> 方法一:比喻(应用场合:解释)。
> 方法二:类比(应用场合:说服)。

> **Review 读者感想**
>
> 刘融茸 / 霍尼韦尔　人力资源
>
> 我之前在公司演讲,发现演讲过半时,听众很容易走神。看过这本书才发现,原因是我过多地讲大道理,使用了左脑而忽略了右脑的画面感。
>
> 要想观众反馈好,比喻、类比不可少。特别是类比,我觉得它可以触类旁通地解释很多抽象的事情。好的演讲必须有很强的画面感,这样才能让人印象深刻。

第五章
右脑共情力

第一节　为什么你的演讲没有打动听众

前段时间,一个公司的 HR 找到我说他们想为 CEO 找一个演讲教练。我问他为什么要请演讲教练,那个 HR 叹了一口气:"我们 CEO 经常需要面对底下的员工讲话,但是他讲话的时候发现员工不怎么爱听,有的打哈欠,有的看手机,这让 CEO 觉得很沮丧,接着他的语速就越讲越快,越讲声音越小,很快演讲就结束了。"

我当时就问了那个 HR 一个问题:"你觉得你们的 CEO 是偏理性还是感性?"那个 HR 思考了一下,说:"理性。"我觉得原因可能就出在理性的讲话方式上。很多领导者精明能干、业务能力强,但他们当众讲话时爱就事论事,经常只聚焦业务,忽略了下属的不良情绪反应。当他们在演讲中谈业务、讲道理的时候,往往受左脑理性思维的影响,无法从情感上与下属进行连接。后来,我去这家公司见这个 CEO,了解到他曾是记者、投资人,以前也经常和很多总裁打交道。他平时演讲时喜欢讲战略和业务。

"情商"这个词如今比较流行，指的是一个人管理自己和他人情绪的能力。美国东田纳西州立大学的一项研究表明，左右脑思维方式和情商有很密切的联系。右脑思维关注情绪，与情商的连接更加紧密。

情商中有一个很重要的能力，叫同理心。它指的是一个人可以通过细微的信号，敏感地感受到他人的情绪，并能够调控他人不同的情绪。上文提到的领导者正是因为无法在演讲中发现并及时调整下属的负面情绪，导致演讲失败。

演讲中也需要同理心。它要求演讲者善于察言观色，通过观察听众的肢体语言、面部表情和语音语调等，识别并改变听众的负面情绪。这就是右脑演讲思维的第二个能力——共情力。

著名学者林语堂有一次到台北一所学校去参加毕业典礼，前面几位发言人都发表了长长的演讲，轮到他说话时已经中午了，与会者饥肠辘辘。林语堂观察到听众的情绪，知道如果再讲只能更加使人生厌。于是，他灵机一动，上台后说道："绅士的讲演应当像女士的裙子，越短越迷人！"一句话就结束了发言。而底下的听众被林语堂的幽默逗笑了，鼓起了掌。

林语堂就成功地观察到了听众的情绪，同时用幽默化解了听众的不耐烦。这就是演讲中的共情力。

如何提高演讲中的共情力呢？我们先学会感受听众的情绪，再去改变听众的情绪。我们希望演讲中，听众可以产生一些开心、感动、有趣等积极情绪，尽量少一些焦虑、厌倦、尴尬等负面情绪。我们可以通过三个方法感受听众的情绪。

表情

人的喜怒哀乐都能反映在脸上。你在台上讲话的时候，听众的表情反映了他们的情绪。有的听众面带微笑地看着你，你能感觉出他被你的演讲吸引住了；而有的人不停地打哈欠，说明你的演讲有点枯燥，需要赶紧调整你的讲话方式了。

回应

一位老师在上礼仪课时上来就问大家："什么是礼仪？"底下没有人回应。老师有点尴尬，但是依然瞪着学员，一遍遍重复着问题。学员不回答有可能是真的不知道，有可能是对这个话题不熟悉。即使老师再三重复，也只会让学员不知所措，让气氛越来越紧张。在这种情况下，老师不如赶紧自问自答，化解学员的尴尬。

气氛

上学的时候,大家都有过班主任走进教室的一刹那的感受吧,本来热闹的屋子一下子就安静了。班主任可能没有什么感觉,但对于学生来说气氛的变化却是那么明显。假如你上台演讲,你能觉察出场上的气氛是活泼还是安静吗?我在演讲俱乐部的这几年,每次演讲都能感受到不一样的气氛。比如,今天的演讲如果都是俱乐部的会员参加,气氛就很轻松,演讲者稍微讲两句,台下就笑成一片。如果有很多陌生朋友参加,当天演讲的气氛就会严肃一些,台下的听众没有太多反应。一般遇到这种情况时,我在上台后会把自己的能量值调高一点,去带动台下的气氛。

以上三种方法,需要你提高感知听众情绪的敏感度。一旦你发现听众的情绪不高,就需要马上转换你的演讲方式来改变听众的情绪。我推荐两种有效改变听众情绪的演讲方法,那就是讲故事和幽默(见图5-1)。

图5-1 右脑共情力的两种方法

"左脑人"注意

情绪的表达是"左脑人"容易忽略的,"左脑人"更关注演讲的事实和逻辑。在演讲中,"左脑人"要避免过多的分析和讲道理,要有意识地提高共情的能力。

 右脑共情力训练

平时有意识地给朋友或家人讲故事,然后观察他们是否被自己的故事打动。注意幽默感的训练,可以多看一些喜剧电影、相声、小品和脱口秀。

第二节　讲故事,让你的演讲更走心

我曾经看过一个故事,给我留下了很深的印象。

一个失明的老人坐在街边乞讨,旁边放着一个纸板,上面写着:我是一个盲人,请帮帮我。

很多人路过,却没有人回应他,只剩老人在风中瑟瑟发抖。

一个好心的女孩从老人旁边走过,又走了回来。她看了看老人,叹了一口气,把老人的纸板拿过来,写下了一行字,然后匆勿离开。

奇迹发生了，人们纷纷把钱放到老人面前。老人简直不敢相信发生的这一切。

到底女孩写了什么？

一个好心人把女孩写的话告诉了老人，老人感动得哭了。

她写的是："这真是美好的一天，但我却看不见。"

你是否也被这个故事打动了？一个好的故事可以迅速地让听众的情绪产生变化，因为人们在听故事时，大脑会模拟故事发生的整个过程，仿佛亲身经历一样，听众的情绪很快就被带动起来了。比起枯燥的大道理，一个故事就可以打动听众。

在职场中，故事也可以帮助我们打动客户。我有一个在戴尔公司上班的朋友，他的工作是售后服务。每当有客户想了解他们公司如何提供售后服务时，他都会先讲一个故事。

"有一次我们公司收到一个报修电话，是位于黄山山顶观测台的客户打过来的。他们购买了我们的电脑，使用中突然出现了问题。客户很着急，急需我们解决问题。第二天，我们的工程师坐着缆车赶到了黄山的山顶，帮助客户在 24 小时内解决了问题。这就是我们的售后服务。"

当我刚听到这个故事的时候，我仿佛能看到工程师坐缆车到黄山山顶的画面，一下子就增加了我对其售后服务的印象。比起直白地讲大道理，讲故事更加走心。

在演讲中讲故事有以下三大好处：

- 故事有丰富的画面感，能够让听众看见。
- 故事有跌宕起伏的情节，能够引发听众的情感共鸣。
- 故事里面有人物，可使听众更有代入感。

很多"左脑人"喜欢依靠理性和逻辑去做演讲，但这样做只能让听众听到，却不能让他们看到有趣的画面和感受到不同的情绪。人们天生就喜欢听故事，因为故事更加生动有趣和走心。在演讲中，你需要把数据和道理放在第二位，先设计一个走心的故事。

如何讲好一个故事呢？我们可以和世界上最会讲故事的专家学习，看看他们是如何讲好故事的。

皮克斯动画如何讲故事

皮克斯动画工作室于1995年推出第一部动画长片《玩具总动员》，此后推出了众多很受欢迎的动画片，如《海底总动员》《飞屋环游记》《头脑特工队》等，多次荣获如奥斯卡奖、金球奖等优秀奖项。

皮克斯成功的背后是"故事决定一切"的座右铭。皮克斯一部动画电影四分之三的制作时间都花在故事处理上。他们有一个专门的评审委员会，由顶级导演和制作人组成。只有被委员会一致通过的故事，才能正式立项。皮克斯设计的故事里都有如下两个关键技巧：

（1）制造合理的冲突

皮克斯会赋予动画片里的角色一个难题。比如，经典动画《玩具总动员》里面有一个主人公牛仔胡迪，动画一开始它是主人最喜欢的玩具，并且是所有玩具的首领。但是，皮克斯为胡迪安排了一个对手，那是一个主人新买的玩具，叫太空战警巴斯光年。巴斯光年长相新奇、功能先进，令小主人爱不释手。这直接威胁到了胡迪的地位。所以，胡迪千方百计要赶走巴斯光年。接下来发生的一系列事情都和两个人的冲突有关。但正是这种对立角色的出现，推动了剧情发展，产生了有趣的故事。

故事的第一步就是找到冲突点，这个冲突点通常是人物遇到的一个问题。还记得本章开始的盲人的故事吗？他一开始的问题是什么？是没人愿意施舍给他钱。正是因为这一窘境，才会有好心女孩帮助了他。所以，冲突是故事情节发展的必要铺垫。

当描述完冲突后，皮克斯是如何进一步推动故事情节的发展呢？

（2）皮克斯讲故事的套路

皮克斯动画工作室公开表示过，他们在设计故事情节的时候，借鉴了即兴话剧大师创造的六步法结构，这六步分别是：

- 很久以前
- 每天
- 直到有一天
- 因为
- 因为
- 最后

这个六步法结构包含了故事的基本核心元素，其中的"直到有一天"就是故事的冲突。我们可以把皮克斯创作的《海底总动员》的故事情节套在这六步里。

很久以前，海底住着一对小丑鱼父子马林与尼莫。

每天，父亲马林都告诫尼莫，大海很危险。

直到有一天，尼莫为了反抗过度保护的父亲，独自游到陌生的海域。

因为不熟悉新的海域，他被潜水员逮到，送到一位牙科医师的鱼缸里。

因为尼莫被抓，父亲马林踏上了寻找尼莫的冒险旅程，一路上得到许多海洋朋友的帮助。

最后，他们终于父子重聚，并且重新找回彼此的爱与信任！

这个结构适用于大多数故事的讲述方法，比如四大名著之一的《西游记》里的故事就遵循这样的结构。

很久以前，唐僧一行四人前往西天取经。

每天他们都在路上。

直到有一天他们遇到了一个村姑，孙悟空认为这个村姑是妖精就把她打死了，唐僧把孙悟空赶走。

因为唐僧把孙悟空赶走，白骨精把唐僧捉走了。

因为这件事情，猪八戒又把孙悟空请回来。

最后孙悟空把白骨精打死了，师徒一行四人再次踏上西天取经之路。

这六步法包含了一个故事需要的关键步骤，有铺垫、转折、高潮、结束。但是，六步有点长，我们把它稍微修改一下，得出更加精练实用的讲故事四步法。

四步法讲好故事

第一步：问题

在电影中设置冲突就像在演讲中讲故事。1999年世界演讲冠军克雷格·瓦伦丁（Craig Valentine）谈到如何设计问题的时候，介绍过"4F法则"，就是谈论你的失败（Failures）、缺点（Flaws）、挫折（Frustrations）和初次经历（Firsts）。为什么都是一些暴露自己缺点的问题呢？因为大部分听众都不喜欢演讲者高高在上、自吹自擂。每个人都有失败的经历，演讲者在谈论失败经历时，更容易与听众建立情感上的共鸣。

比如，马云在他的演讲《最伟大的成功》中，一开始就讲了自己无数次的失败。

我考了三次大学，全失败了。我向哈佛大学申请了10次，都失败了，他们甚至不想见我。最后，我去了师范大学——那个排在我所在城市第三名或第四名的大学。我应聘工作，被拒绝了30次。

1994年，我想做一个和互联网相关的企业，有23个人反对。他们说，这是个愚蠢的想法，我们从来没有听过互联网。

马云举的这些糟糕透顶的失败经历，更容易在一开始与听众建立共鸣，让听众联想起自己的问题，这也为马云后来的成功故事埋下了很好的伏笔。

所以，在讲故事前，我们要问自己：

（1）主人公遇到的问题是什么？

（2）听众可能存在的问题是什么？

（3）主人公的问题可以反映出听众的问题吗？

第二步：转折

第二步是转折。在你解决问题的过程中，帮助到你的那个关键的人或事，就是你的转折点。比如，孙悟空打不过妖精时会去请救兵，遇见救兵就是一个转折点；或者孙悟空遇见观音菩萨，给了他一个提示，这也是一个转折点。你可以在这一步问自己：

（1）解决问题的转折点是什么？

（2）这个转折点的发生来自一个人、一件事还是自己？

第三步：努力

遇到转折点后，第三步是你的努力。比如，《海底总动员》的主人公尼莫的爸爸，在得知尼莫被抓后，不顾危险，踏上寻子之路，途中遭遇大白鲨的几次惊险追逐，教会了他如何用勇气和爱战胜内心的恐惧。

为了解决问题，你付出的努力是什么？故事中你的努力会激励听众。你可以问自己：

（1）经过转折点，主人公是如何努力的？

（2）有没有一些细节可以反映主人公的努力？

第四步：改变

第四步就是改变。这个是故事最重要的地方。你要重视故事里的成功转变。我发现一个规律，每当演讲者在故事的结尾克服困难，战胜自己，最终取得成功的那一刻，听众往往会报以热烈的掌声。也就是说，演讲者逆袭的结果可以极大地激励听众。你在故事的结尾要让听众看到这个改变。你可以问自己：

（1）经过努力，故事的主人公最终是如何成功解决问题的？

（2）在这个问题解决后，主人公最大的积极改变是什么？这给他的生活带来了哪些改变？

这就是讲故事的四步法。这个方法通过四个关键点"问题—转折—努力—改变"，可以打造出皮克斯电影般的故事，如图5-2所示。

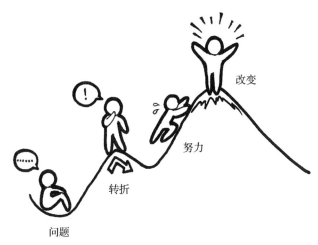

图 5-2 讲故事四步法

举个例子,我经常会分享一个故事,讲的是我如何通过演讲锻炼走上演讲培训师这条道路的。我也是通过这四步讲述的故事。

十年前,我在一家外资企业上班,工作是采购,工资虽然不低,但我并不满意,原因很简单:它并不是我真正喜欢的工作,只是一份看起来体面的工作。我喜欢与人面对面沟通,而我的工作却只是与供应商电话沟通。

有一次我路过某著名国际英语培训中心的时候,看着里面的教学环境,内心忽然有一个念头:要是能成为一名老师该多好。但是,当我鼓起勇气去那家机构投简历的时候,却被残酷地淘汰了下来。从那以后，转行的念头就被我深深地埋藏在了心底。

有一天，我无意中听前同事说他在参加一个英文演讲俱乐部，喜欢英语的我立刻就去参加了。当时我的想法很简单，就是想把英语演讲当作一个业余爱好。从那以后，每周一晚上七点，我雷打不动地出现在演讲俱乐部。不过上台演讲也不是那么容易的，为了提高自信心，我每一次都会上台演讲，就这样坚持了两年。我居然越来越喜欢站在舞台上的感觉了。

两年后我报名参加了国际演讲协会的演讲比赛，最终进入了总决赛。我还记得参加决赛的前一周，稿子被我改了二十多遍。让我没想到的是，我居然拿到了全国演讲比赛的冠军。而更让我惊讶的是，比赛结束后有个听众走过来，问我："您对培训感兴趣吗？"原来她来自一家培训公司，在寻找一名演讲培训老师。就这样，三个月后，我辞去原来的工作，正式成为一名演讲培训师，当我站在讲台上授课的时候，我才意识到，这就是我一直渴望的工作。几年后，那个曾经拒绝我的英语培训中心，也邀请我去给他们的学员分享演讲经验。后来，我成立了自己的演讲培训公司，开始帮助更多的人去征服舞台，提升自信，改变自己的命运。

很多时候，不是梦想离我们很远，而是我们没有采取行动让自己准备好。如果你听见了自己内心深处的梦想，不要放弃，马上行动起来，多尝试，在一次次的磨炼中逐渐让自己强大起来。当机会出现的那一刻，你一定会牢牢地抓住它。

这个故事的四步法是这样设计的：

- 问题：我对自己的工作不满意，希望当老师，却失败了。
- 转折：无意中听前同事说有个演讲俱乐部，于是报名参加。
- 努力：我每周一准时参加俱乐部的演讲练习，风雨无阻，坚持两年。
- 改变：比赛拿到演讲冠军，从原来的公司辞职，正式成为一名培训师。

这就是讲故事的四步法，这四步环环相扣，为听众呈现了一个有悬念、有努力、有改变的故事，从而带动听众的情绪。但要想真正让听众对故事印象深刻、感同身受，演讲者还需要打磨故事的细节，因为故事的细节才能让听众看到和感受到。我们可以通过五感法来打造故事的细节。

五感法，打造 3D 效果的故事

我所在的国际演讲俱乐部每年都会邀请不同的世界演讲冠军来分享演讲技巧，很多演讲冠军都会分享同一个技巧：**调动**

听众的五感。五感就是通过刺激听众的视觉、听觉、触觉、嗅觉、味觉来让听众有一种身临其境的感觉，如图5-3所示。

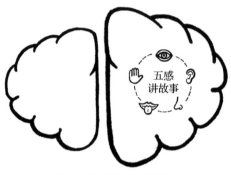

图5-3 讲故事五感法

举个例子，如果我们想表达"地铁里十分拥挤"，可以非常直白地说，但听众可能无法感同身受。为了增强表达效果，我们可以用五感法来让听众感受。

视觉：地铁里十分拥挤，人们仿佛热锅上的蚂蚁。

听觉：地铁里十分拥挤，耳边环绕的都是哇啦哇啦嘈杂的讲话声。

触觉：地铁里十分拥挤，我简直快被挤成相片了。

嗅觉：地铁里十分拥挤，车厢密不透风，一股股挥之不去的汗臭味快让我窒息了。

味觉：地铁里十分拥挤，我嗓子快冒烟了。

看到这五种不同感觉的描述,你是否产生了同样的感受?我们接下来介绍如何在故事中运用视觉、听觉、触觉、嗅觉和味觉这五个技巧,让听众产生身临其境的感觉。

(1)视觉

运用视觉表达的方法一共有两种,分别是创造人物对话和刻画人物外表。它们可以很好地描绘故事的场景和人物的细节。

1)人物对话。对话是故事里创造场景感非常好的方法之一。演讲者如果可以模仿当时两个人的对话,听众可以像看电视剧一样形成画面感。

比较以下的两个例子。

我第一次来到演讲俱乐部的时候,有一个负责人热情地欢迎了我,并让我有问题随时找她。

我第一次去演讲俱乐部的时候,就有一个负责人热情地冲我打招呼:"你好,非常欢迎你来我们俱乐部,我叫艾米,有什么问题都可以找我。"

第一个例子叙述得比较平淡,而第二个例子通过对话把负责人热情的态度表达了出来,使故事仿佛变成了一个舞台剧,很能带动听众的情绪。

所以，在讲故事时，演讲者可以一人饰两角，把对话表演出来。

2）**人物外表**。当我们在故事中描述主人公外表的时候，会增强人物的画面感。比如，在朱自清的散文《背影》中，关于父亲去火车站的那一幕让我记忆犹新。

父亲是一个胖子，走过去自然要费事些。我本来要去的，他不肯，只好让他去。我看见他戴着黑布小帽，穿着黑布大马褂，深青布棉袍，蹒跚地走到铁道边，慢慢探身下去，尚不大难。可是他穿过铁道，要爬上那边月台，就不容易了。他用两手攀着上面，两脚再向上缩；他肥胖的身子向左微倾，显出努力的样子。

朱自清在描述父亲的时候，分别描述了他的衣服、体态、动作，正是这些细节的描述加强了人物的立体感，使听众难忘。

在故事中，当你要描述一个人物的时候，不如介绍一下他穿的衣服、身高和特征。举个例子，以下就是我的特征：

我爱穿蓝色的上衣，身高185厘米，肤色较黑，声音特别洪亮，经常有朋友在很远的地方就能循着我的声音找到我。

（2）听觉

有些人对声音特别敏感。加入一些象声词能增强故事的趣味性。比如，在描写主人公非常紧张时，你可以这样说：

还有10分钟就要登台演讲了，我坐在椅子上，小心脏扑通扑通地乱跳。

（3）触觉

触觉又分身体感受和心理感受，这两种感受都可以影响到听众的情绪。比如：

记得我第一次站在舞台上的时候，双手紧张地搓来搓去，后背一阵阵发凉。

听到这个噩耗，我心里难受极了，眼泪止不住地掉了下来。

这两句话分别描述了演讲者的身体感受"搓手""发凉"和心理感受"难受极了"。这些词能让现场的听众感同身受，产生类似的感觉。

（4）嗅觉

嗅觉也是非常重要的，它能增加场景感，可以使整个故事更加生动。比如，某个地方有什么样的味道。把它描绘出来，让听众仿佛身临其境。比如：

我去拜访一个外国朋友，一进他家门就闻到一股咖啡香，还有烤面包的味道。在他家用过午餐后，我们驱车来到郊区游玩。走到半路，一阵风刮过，我忽然闻到一股淡淡的花香，扭头一看，原来眼前是一大片薰衣草的种植基地。

（5）味觉

现在流行网络直播，经常有吃客直播各种各样的美食，吸引了很多网友观看。你有没有在看美食节目时流口水的经历？这就是节目调动了你的味觉。在演讲的故事里，为了增强听众的代入感，你也可以描述一下食物在嘴里的味道、口感。

例如，一个关于生日蛋糕的片段：

今天我过生日，收到朋友送的草莓味蛋糕。一口下去，先吃到了松软的奶油，还有一股浓香的芝士味，最后就是一丝草莓的清香。哇，满满的幸福感！

吃完蛋糕有些口渴，我又赶紧冲了一杯乌龙茶。喝乌龙茶讲究的是心静。当茶刚刚进入口中时，味道虽然涩，但当它缓缓流入喉咙时，你会感到一种清香的回甘，甜甜的，有一种豁然开朗的感觉。

五感法是非常强大的讲故事工具，它可以帮助你把故事的细节描绘出来，让听众看到、听到、感受到故事的场景。同时，你再配上讲故事四步法，就可以轻松地创造一个情节跌宕起伏、绘声绘色的3D故事了。

综艺节目《奇葩大会》有一期邀请了一位曾经在国外探险被抓的考古博士，他也曾经因为这事上过新闻。上台后，一身朴素打扮的博士将他的经历娓娓道来。节目播出后很多网友都被这个故事感动了，纷纷评论"画面感太强了""太感人了"。我们来看看他是如何形象地讲述这个故事的。

上面都是人的手扒在那儿，里面呜噜呜噜的（听觉），那个是很多很多人在里面的声音，非常恐怖。我当时就想这是怎么回事，不敢相信。他们没等我挣扎，就把我推进去关到里边了。后面就是乌溜溜的40多双眼睛，还有各种各样的声音，然后前面是一个小小的窗户，一束光打在地上（视觉）。我就盯着那束光一点一点地走，根本不敢回头，因为电视剧里演的都是进了监狱以后就会发生不可描述的事。

当时我在监狱里最好的一个朋友叫奥马尔，每天下午天气最炎热的时候，他就会拿一些小冰块塞到我的衣服里（触觉）。每天晚上睡觉的时候，我们头上也没有垫着的东西，他会伸出他的胳膊让我垫着（触觉）。我临走之前的三四天（的某个）晚上，他拿出一个铁戒指套在我手上，指指戒指，指指我，指指他，意思就是让我记住他。现在这个戒指还在我家里，每天看到这个戒指的时候，我就会想起他。

出狱时，狱警还特意把我最好的朋友奥马尔放出来，（让我）和他告别。他一身都是汗，站在阳光底下，闪闪发光，拿着我十几天都没穿的鞋子，就站在那笑着看着我（视觉），我就一下子冲上去抱住他，我希望把他身上的味道（嗅觉）更多地抱到我身上。

我第一次听这个演讲的时候，就被其中强烈的画面感吸引了，特别是当这位博士说到刚入监狱，看到透过窗户照在地上的那束光，仿佛一下子让我看到了那个阴森森的监狱。这就是五感产生的作用。

五感法讲故事，通过对细节的描绘，将我们的演讲转化为一部3D电影，不仅让听众听到，更让听众看到、感受到，从而让听众身临其境，随着情节变化而产生难忘的感受。

故事是打动听众情绪非常重要的一个技巧，甚至很多人认为，好的演讲就是讲好一个故事，比起听干巴巴的道理，人们更喜欢听生动有趣的故事，既有生动的画面，又能调动情绪，是右脑喜欢的讲话方式。故事讲完，不要忘记抛出你的演讲观点，起到画龙点睛的作用。

第三节　幽默，让你的演讲更有趣

除了讲故事可以打动人们，另外一种常见的方法就是幽默。国内某著名英语培训机构里的一些老师以风趣幽默著称。很多人以为是老师即兴发挥的，其实都是准备好的。该机构对老师是有幽默的要求的。比如，一堂 60 分钟的课程，不光要求老师们准备逐字稿，还会要求老师每隔 5~10 分钟就要抖一个包袱，如新闻吐槽、笑话、幽默视频等，为的就是用幽默带动气氛，以免学生走神。为什么幽默这么重要？**有一句话我印象很深刻：人们可能会忘记你演讲的内容，但人们不会忘记你带给他们的感受。**而笑声往往能带给听众愉悦的感受。所以，相对于只以事实为基础的左脑演讲，幽默诙谐更容易打动听众，让听众开心。

比尔·盖茨在 2007 年被哈佛大学邀请去做演讲，他一上来就以自己辍学为梗，用自嘲开始了他的演讲。

尊敬的博克（Bok）校长、鲁登斯坦（Rudenstine）前校长、即将上任的福斯特（Faust）校长、哈佛集团的各位成员、监管理事会的各位理事、各位老师、各位家长、各位同学，有一句话我等了三十年，现在终于可以说了："老爸，我总是跟你说，我会回来拿到我的学位的！"

我要感谢哈佛大学在这个时候给我这个荣誉。明年，我就要换工作了（注：指从微软公司退休）……我终于可以在简历上写我有一个本科学位，这真是不错啊！我为今天在座的各位同学感到高兴，你们拿到学位可比我简单多了。哈佛大学的校报称我是"哈佛大学历史上最成功的辍学学生"。我想这大概使我有资格代表我这一类学生发言……在所有的失败者里，我做得最好。但是，我还要提醒大家，我也鼓动史蒂夫·鲍尔默（Steve Ballmer，曾任微软公司总裁）从哈佛大学退学了。因此，我是个有着恶劣影响力的人。这就是为什么我被邀请来在你们的毕业典礼上演讲。如果我在你们入学欢迎仪式上演讲，那么能够坚持到今天在这里毕业的人也许会少得多吧。

很多演讲者为了彰显自己的专业和经历，或者过于想树立在听众眼中的权威，会在一开始过多地介绍自己的经历，这样最大的问题就是气氛比较沉闷，容易和听众产生距离感。而一个好的幽默开场，特别是自嘲的方法，却能让演讲者走下神坛，与听众更加亲近。

还有著名的留美脱口秀高手黄西，他在《不完美，怎么了》的演讲开场是这么说的：

我是黄西，黄瓜的黄，西瓜的西，我今天讲演的主题叫作《不完美，怎么了》。首先声明这个主题与我的相貌无关，尽管我的长相非常适合这个主题。

黄西敢于拿自己的长相开玩笑，一上场就用一个自嘲的包袱逗笑了大家，用幽默拉近了与听众的距离。

有人经常会问，幽默可以学习吗？答案是完全可以，这是一个可以被训练的技能。我们需要先了解人们发笑的原理。

人们发笑的原理

我喜欢幽默，上学的时候是那种喜欢接老师话茬的人，喜欢把别人逗笑。但是，我在学习演讲的过程中发现，演讲中你要想逗笑别人，并不像生活里那样简单，因为你要把所有听众逗笑，而不是一个人。我在2010年参加演讲比赛的时候，由于是幽默演讲比赛，我必须要幽默。一开始我并不懂如何在台上刻意幽默，记得后来我自己编了一个笑话，讲的是在演讲俱乐部，即使你的演讲再不好，也会有人说你棒。结果这个笑话引发台下哄堂大笑，笑的声音之大，让我出乎意料，以至于接下来我有几秒钟都愣在那里，没有反应过来。那应该是我第一次体验到了幽默的力量，也让我对设计幽默产生了兴趣。

如何设计幽默呢？首先我们需要了解一下人们为什么发笑。美国心理学家帕特里夏·瑞安·马德森（Patricia Ryan Madson）经过多年研究，发现了人们笑的三个主要原因：

- 会被意料之外的事情逗笑。
- 会因为优越感而发笑。
- 在情绪被释放的时候会笑。

会被意料之外的事情逗笑

之前我看过一次开心麻花的话剧，对里面的一幕印象深刻。讲的是在一个武林学院里，徒弟要去挑战武林高手，临行前不情愿地说："师父，如果徒弟打不过高手，您不会眼睁睁地看徒儿送死吧？"师父深情地说："你放心吧，师父不会眼看着你送死的，师父会把眼睛闭上。"当时看到这里我笑了，这个回答就是意料之外。我们的大脑在听一件事情的时候，如果结果和常规的不一样，人就会忍俊不禁。比如以下的段子：

- 在哪里跌倒，就在哪里躺下。
- 生活不只眼前的苟且，还有未来的。
- 你只看到别人表面上活得春风得意，却不知道人家在背后也过得风生水起。

会因为优越感而发笑

如果问幽默演讲中哪个技巧最厉害？我的回答是自嘲。国际演讲协会就有会员用自己的长相和口音调侃，戏称自己是木瓜哥，最后赢得了全场的掌声，拿到了冠军。自嘲的搞笑效果非常好，因为自嘲会带给听众一种优越感，而这种优越感又会让听众对你产生好感。凌峰在一次电视台春节联欢晚会上发表了一段精彩的即兴演讲，其中对自己的长相做的自嘲堪称经典：

在下凌峰……这两年，我大江南北走了一道，男观众对我的印象特别好，因为他们见到我有点优越感，本人这个样子对他们没有构成威胁，他们很放心（大笑）。他们认为本人长得很中国（笑声），中国五千年的沧桑和苦难都写在我的脸上了（笑声、掌声）。一般说来，女观众对我的印象不太好，有的女观众对我的长相已经到了忍无可忍的地步（笑声）。她们认为我是人比黄花瘦，脸比煤球黑（笑声）。但是我要特别声明，这不是本人的过错，实在是父母的错误，当初并没有征得我的同意就把我生成这个样子（笑声、掌声）。但是，时代在变，潮流在变，现在的男人基本上可以分为三种：第一种，你看上去很漂亮，看久了也就那么一回事，这一种就像我的好朋友刘文正；第二种你看上去很难看，看久了以后是越看越难看，这种就像我的好朋友陈佩斯

（笑声）；第三种，你看上去很难看，看久了以后你会发现，他有另一种男人的味道，就是在下这种了（笑声、掌声）。鼓掌的都表示同意了！鼓掌的都是一些长得和我差不多的（笑声），真是物以类聚啊（笑声、掌声）！

凌峰这一段堪称是自嘲的经典案例。敢于拿自己开玩笑，是听众最钦佩又喜欢的幽默方式。国际演讲协会的冠军达伦（Darren）说过一句话："人们觉得最好笑的事情，是尴尬发生在别人身上的时候。"所以，如果你不知道什么是幽默，就先拿自己的尴尬来开玩笑吧。

在情绪被释放的时候会笑

人们严肃太久，在压力下长期处于绷紧状态，乍见到一个新奇而风趣的视角，面对被讽物产生一种优越感，惯常紧张的情绪得到释放，再加上与作者心意相通一刹那的快感，就笑了。笑是情绪释放的标志。听众在听演讲的时候，情绪会被演讲者慢慢带领，慢慢堆积，然后产生出好奇、感动、紧张、激动的情绪，此时演讲的一个突然转折，让他积累的情绪瞬间被释放，就像气球被放气一样，这个释放的瞬间就会让听众发笑。

蒂姆·厄班（Tim Urban）在他的 TED 演讲《你有拖延症

吗》中，就成功地应用了释放情绪的方法引发了听众的笑声。

一天我醒来，发现离交稿日期只剩 3 天，但我还一个字都没写。我别无选择，只能在接下来的 72 小时里连续通宵两个晚上赶论文——一般人不应连续通宵两个晚上。90 页赶出来后，我飞速冲过校园，像电影中的特写慢镜头一样，恰好在截止日期前的最后一刻交上。(听众的情绪也变得紧张起来。)

我以为事情就这么完了，但一周后，我接到一个电话，是学校打来的。他们说："你是蒂姆·厄班吗？"我说："是。"他们说："我们要说一说你的毕业论文。"我说："好啊。"他们说："这是我见过的最棒的论文……"（听众变得好奇起来。）看着听众专注的眼神，蒂姆马上改口，说："这当然不可能了。"（听众释放情绪，开始大笑。）蒂姆不好意思地笑了笑："论文非常差劲。我只想享受下你们对我的崇拜，想听你们说'这老兄太厉害了'。"（听众大笑）

在这段演讲里，当蒂姆说"这是我见过的最棒的论文"时，所有的人好奇心已经被带起来，大家都想知道接下来发生了什么。然后蒂姆又来了一个大转折："这当然不可能了。"所有人的情绪也在这一刻被这个突然的转折释放了，也就自然而然地产生了笑声。

幽默的公式

大部分的幽默段子可以用如下的二步法公式来拆解，每个公式由铺垫加三种类型的包袱组成。铺垫为的是把听众的思路引到某个方向上，而包袱是引人们发笑。我们可以用二步法来拆解之前的例子：

公式 1：铺垫 + 意外

铺垫：师父，如果徒弟打不过高手，您不会眼睁睁地看徒儿送死吧？

包袱：师父不会眼看着你送死的，师父会把眼睛闭上。

公式 2：铺垫 + 自嘲

铺垫：在下凌峰……这两年，我大江南北走了一道，男观众对我的印象特别好，因为他们见到我有点优越感，本人这个样子对他们没有构成威胁，他们很放心，他们认为本人长得很中国。

包袱：中国五千年的沧桑和苦难都写在我的脸上了。

公式 3：铺垫 + 情绪释放

铺垫：一周后，我接到一个电话，是学校打来的。他们说：

"你是蒂姆·厄班吗？"我说："是。"他们说："我们要说一说你的毕业论文。"我说："好啊。"他们说："这是我见过的最棒的论文……"

包袱：这当然不可能了。

幽默思维的形成

要想提高幽默技巧，首先提高的是幽默的心态。我的周围有很多理性的朋友，他们关注事实、讲究细节。这些都是优点。但是，这样结构化的思维带来的问题就是幽默感不足。因为幽默来自对生活的调侃。

比如，2017年冬天，北京的初雪迟迟未来，而全国很多地方都下了大雪，就连上海都下了大雪。就是这样一件事情，可能我们诠释的角度不一样，说话就变得不一样了。如果你问一个很理性的朋友，他也许会告诉你："这是因为全球气候变暖。"这样的回答很理性。但是我听到一个朋友是这样解释的，他说是因为大雪没有办进京证。这就是一个比较幽默的说法。**幽默的本质是一种对生活调侃的态度，而你要做的是降低左脑的理性分析层面，用右脑去思考：这个现象有什么可以调侃的地方？**

有的时候，我们要刻意训练这种幽默心态。为了锻炼幽默思维，我曾经参加过北京脱口秀俱乐部。在那里，每周三晚上,参加者要上台说一个五分钟的脱口秀。而脱口秀演员呢,每天绞尽脑汁想生活里有什么事情是可以调侃的。他们会拿一个小本,上面密密麻麻写满了一天中他们认为可以搞笑的地方,比如在地铁、饭馆、办公室里发生的趣事。

比如,我就听过两个脱口秀演员调侃吃饭拍照这个事情。他们是这样说的:"你说有些人就喜欢发朋友圈。他出去的时候,和一帮朋友在一起,不停地拍照,他人就在朋友圈呢,还发朋友圈。"这就是一个很好的观察和调侃。所以,幽默的本质是你用了一个好玩的视角诠释了这个世界。

 "左脑人"注意

"左脑人"的思维比较理性,但幽默是感性的。在经过有意识的右脑思维训练后,凭借其强大的逻辑力,"左脑人"可以成为不错的段子手。

 "右脑人"注意

"右脑人"的情绪丰富,善于带动演讲气氛,有幽默的潜质。但"右脑人"也需要刻意练习,找到幽默的爆发点,才可以成为不错的幽默高手。

你可以训练自己的幽默思维。比如,你在餐馆吃饭时忽然看见你的饭里有一根头发,请问你会如何幽默表达?我们正常的思路是直接把老板叫过来,严肃地说:"老板,饭里有一根头发。"这就是我们最常见的左脑思维。但是如果让你换一种幽默的思路,首先你要做的,就是不能太严肃地看待这件事。你要去想这件事情有什么可以调侃的地方。抱着这样的思路,你可以有不同的调侃方法。

老板,在你们这儿吃米饭,还买一送一啊?别人家送榨菜,你们送头发。

老板,看这碗米饭,厨师得注意身体了,年纪轻轻就掉头发啊!

老板,你们这里的米饭真是黑白分明啊!

在生活里,这样的调侃心态无处不在。我们可以多借鉴一些。比如,夏天的时候,全国各地普遍高温炎热,网友们很幽默地调侃了一下天气。

我是行走的五花肉,我为自己带盐。

不要问我多少岁,直接问我几成熟吧!

如果我和你妈掉水里,请先救你妈,我想在水里再泡会儿。

躺在床上是红烧,下床后是清蒸,出门去是烧烤,回来的路上是生煎,到家里还要回锅!

如果你可以在生活中这样训练你的幽默思维，多观察有什么可以调侃的地方，那么久而久之，你也可以锻炼出幽默的思维。一旦你有了幽默感，也就不用为幽默的演讲发愁了。

所以，从技巧层面，幽默引人发笑的原因一共有三个，分别是意料之外、优越感和情绪释放。而从本质上来看，幽默是思维角度的不同，是用轻松的态度去调侃生活。

演讲中光有逻辑和事实，还不能完全打动听众。我们要能够用幽默和讲故事去调动听众的情绪，从而打动他们。这就是右脑演讲思维的第二个能力——共情力。

> **总结**
>
> 右脑演讲思维的第二个能力：共情力。
>
> 方法一：讲故事（问题 - 转折 - 努力 - 改变）。
>
> 　　　　五感法讲故事：激发听众的视觉、听觉、触觉、嗅觉和味觉。
>
> 方法二：幽默（意料之外、优越感和情绪释放）。

> **读者感想** | Review
>
> 高元双 / 奔驰　总经理秘书
>
> 　　我是一个典型的左脑思维的人，偏理性，无论是对工作还是生活都比较喜欢按部就班，直到看完本章才恍然大悟，原来幽默如此重要，甚至它也是可以学习的。
>
> 　　有一次老板开完会回来情绪不高，我又有重要的工作需要紧急汇报，壮着胆子我问了一句："现在跟您交流安全吗？"老板一下子就笑了，汇报也很顺利。我们每天都在跟人打交道，充分调用右脑情绪可以拉近彼此距离，让沟通和演讲更加精彩。

第六章
右脑即兴力

第一节　为什么你的演讲会卡壳

你有没有遇到这种情况？明明你要讲一个自己很擅长的话题，你准备得也很充分，但是你讲着讲着，忽然就忘词了。

在我的演讲俱乐部里，我就经常目睹一些小伙伴演讲忘词的尴尬场面。有一次轮到小 P 演讲，只见他站在台上一边说，一边不停地瞄桌上的演讲稿。讲着讲着，他忽然停住了，一副手足无措的样子，眼珠子一阵乱转。大概沉默了十秒钟的时间，小 P 最后不好意思地拿起了稿子，干脆读起了演讲稿。一场演讲生生变成了朗读。

演讲时为什么会卡壳？有的人会说那是因为紧张。没错，大家都知道紧张容易导致忘词，但是大家忽略了，当你忘词的时候，你是可以即兴发挥的，其实底下的听众并没有看过你的演讲稿。但是，大部分演讲者就是不敢跳出演讲稿的框框，他们仿佛被孙悟空用金箍棒在脑子里画了一个圈圈，只能在那里拼命回忆演讲稿的内容，不敢即兴发挥。

我们说过左脑关注的是细节和逻辑，这会导致我们在台上不敢打破框架，即兴发挥。右脑有直觉和创意功能，但是由于过于压抑，反而削弱了它们的能力。

"freestyle"是2017年比较火的一个词，它的意思就是即兴发挥。这个词火起来是因为一档国产说唱综艺节目。当时节目中的评委总喜欢问选手一句话："你有 freestyle 吗？"意思是：你现场能即兴编一段说唱吗？

评委说的"freestyle"，这是一种高难度的说唱形式。为什么这种风格会让人喜欢呢？2012年，美国国家听力障碍与其他交流障碍性疾病研究所对12名职业说唱歌手进行了研究。他们比较这些说唱者在即兴创作和死记硬背特定歌词时脑部活动的差异。

在实验中，研究者找来了12位至少有五年经验的说唱歌手，用一个相同的八小节节拍做了两组实验：第一组要进行即兴创作，第二组则是表演已经熟知的歌词。结果发现，当即兴创作刚刚开始，说唱者的大脑左半球比较活跃。不过等到表演快结束时，说唱者的大脑右半球的参与度更高。他们在即兴创作时削弱了对自身的有意识监控，进入了一种更"自由散漫"的思维模式。这种状态很像我们外出散步或洗澡时的灵光一现。当我们启动右脑的直觉和创意功能时，它们会带给我们更多的想法。

在演讲中,我们时常考虑太多,说最低风险的台词,走最安全的路线,创造力和想象力往往被压抑。我们处于虽然不想随大流却无能为力的尴尬局面。这导致很多人在台上过于墨守成规,以至于当忘词这种突发情况发生时,人们手足无措。但是演讲的现场永远不是静止不变的,随着听众的反应,突发情况的产生,我们经常需要即兴发挥。这个时候,就需要我们暂时关闭左脑,启动右脑,发挥我们的直觉和创意功能了。**这就是右脑演讲思维的第三个能力——即兴力。即兴力就是演讲者根据演讲现场的状况和听众的反应,随时脱稿演讲的能力**(见图 6-1)。

图 6-1 右脑即兴力的三种方法

"左脑人"注意

"左脑人"比较注重细节和逻辑，更习惯准备好的演讲。但是，"左脑人"在临场应变、即兴发挥方面能力不足。这类人要敢于突破脑中的"框框"，跳出理性的思考，拥有即兴发挥的能力。

 右脑即兴力训练

在生活中，多尝试一些即兴而不是准备好的演讲。比如，随便挑三个字或词，用它们讲一个故事；或者上知乎随机挑一些网友的问题，不要看答案，自己快速回答，锻炼自己的即兴讲话能力。

第二节 即兴演讲，让演讲不再卡壳

我刚加入演讲俱乐部的时候，就曾经体验过即兴演讲。俱乐部有一个即兴演讲的环节，主持人会准备一系列问题，参与者上台后，要随机抽取一个问题并立刻回答。我为了锻炼即兴演讲的能力，每当主持人问："谁愿意第一个回答问题？"我都赶紧把手举高。之所以抢第一个上台，不是我有多自信，而是第一个上台讲，不用担心和别的演讲者比较，所以心理负担比较小。就这样我坚持了半年，发现自己即兴讲话的能力提高了很多，带给我的好处就是演讲不用担心忘词了。即使忘词，也可以自由发挥。

后来我又参加了即兴话剧。这是源自美国的一种新型话剧。这种话剧和传统话剧的区别就是，练习者无须准备台词，根据现场听众的建议即兴表演。比如，一男一女两个人登上舞台，然后先给听众提出一个要求："请给我们一个人物关系。"台下听众会七嘴八舌地喊"男女朋友""父亲和女儿"……然后，表演者会随机接受一个建议。之后，会向听众询问更多的线索，比如"我们现在在哪里呢？"这时候观众又会喊出各种答案："在医院""在饭馆"……接下来，这两个人又会随机挑选一个建议，开始即兴表演。整场演出，全靠即兴发挥，常常把听众逗得哈哈大笑。

如果按照我们演讲的惯性思维，会认为话剧一定要提前准备，否则怎么能演好呢？但是，即兴话剧这种新的形式就打破了这种惯性思维，告诉我们通过即兴训练，也是可以无须准备就演好一台戏的。即兴话剧和即兴演讲虽然形式不同，但思维有相通之处，我们可以通过学习即兴话剧的思维来做好一个即兴演讲。

第一步:相信"第一想法"

即兴话剧有一个核心理念,叫"是的,而且"(Yes and)。这句话表示,在即兴表演的舞台上,我们要能够接受搭档的突发想法,然后随机应变。

比如,综艺节目《我就是演员》有一期邀请了开心麻花的沈腾来当嘉宾。当时,节目组出了一个难题,让沈腾找个椅子坐在舞台上,然后让几个演员轮番上台,沈腾要根据演员的不同表演现场即兴搭戏。

只见一个演员上台以后,对着沈腾慢慢跪下,然后开始磕头。沈腾瞥了那个演员一眼,不慌不忙地把双手合十,闭起了眼睛,干脆扮起了观音。这一即兴反应把大家逗得哈哈大笑。

沈腾就是用了即兴话剧的原则"是的,而且",不管对面的演员的表演有多么夸张和荒谬,他都会先接受(yes),再把对方的想法发展成一个新的剧情(and)。

很多时候,让即兴演讲卡壳的不是口才,而是我们拒绝了右脑直觉的提示,更多地用左脑理性地评判我们的想法。而即兴法则"是的,而且"让我们跳出左脑的控制,用右脑即兴地去讲话。

帕特里夏是来自斯坦福大学即兴话剧学院的老师,她在

《即兴的智慧》一书中提出这样的观点:

> 相信你的大脑。你在现场一开始的想法都是一个合理的开始,这个想法已经够好了,不要犹豫。当你开始即兴讲话的时候,你的大脑会给你提供源源不断的思路。即兴话剧者更加关注的是"如何使这个第一想法变得更好,而不是一直搜索好的想法"。你的经验和判断都会阻碍你的想法,因为我们人类会非常聪明地拒绝第一想法。比如,"这个想法很无聊""我不喜欢这个想法""这个想法别人应该说过"。我们很容易为大脑产生的新想法去铺设障碍物。不要这样做,抓住这个珍贵的第一想法。很快你就会适应这种思维方式。

帕特里夏的这段话有一个关键词,叫"第一想法"。我们在演讲的时候,应该随时关注右脑可能给我们的"第一想法",然后把它紧紧抓住。

这样做有什么好处呢?举个例子,你在工作中有没有遇到过这种情况,公司召开会议,一群人需要头脑风暴,为一个新的方案贡献更多的想法。这时候,你突然有了一个很好的想法,但是你刚说出来,对面的同事就说:"这个不行,实际操作有困难,我告诉你为什么吧……"这个时候,他阻断的不光是你的一个想法,他还阻断了你接下来右脑的即兴灵感。于是，你的左脑也开始评判你接下来的想法，结果你的新想法越来越少。我们经常看到，一群优秀的人坐在一起开会，讨论了半天，也没有讨论出来什么点子，原因就在于他们持续地用左脑在评判，反而影响了右脑的产出。

相信很多人都有在洗澡的时候灵感迸发的那一刻，那就是因为在最放松的时候，左脑退居二线，而右脑的直觉开始发挥作用了。所以头脑风暴的开始阶段，有一个很重要的原则，就是大家思考点子的数量比点子的质量更重要。也就是说参与者不需要去评判点子是好是坏，而是鼓励每个人持续产生新的点子，这样思维越来越流畅，而好的想法也会慢慢出现。

即兴演讲也是，你越是用左脑评判正确与否，大脑产生新想法的速度就会越慢。当你演讲忘词了，你的左脑开始提示你：

稿子上写的是什么？

即兴发挥说错了怎么办？

说出来听众不会笑话我吧？

当你接受了这些左脑的评判后，你开始越来越担心你说话正确与否，于是你开始语塞、慌张和产生恐惧。只有当你跳出左脑的框架，开始相信你的直觉，你才可以从第一个想法连接到第二个想法，再连接到第三个想法，流畅地继续你的演讲了。

有一次俱乐部举办即兴演讲比赛，在比赛前，我把这个

"第一想法"原则分享给了一个非常理性的左脑朋友小蒋,他听完非常高兴,如获至宝,决定试一试。

当天的即兴演讲题目是《如果你有一百万,你希望可以做什么》。小蒋在台上想了两三秒,脱口而出:"我想参加波士顿的马拉松比赛。"接下来,他就分享了如何爱上跑步和参加国内马拉松比赛的经历。那天他的演讲非常轻松自然,还有些小幽默,和平时大不一样。

演讲结束后,他兴奋地找到我说:"你分享的这个'第一想法'法则真的很不错,我当时听完问题,脑子里第一个想到的就是'波士顿马拉松比赛',我就立刻把它说出来了。"我也很为他高兴。因为跑步是小蒋最大的爱好,所以听到这个问题的时候,大脑给他推送的"第一想法"就是他梦寐以求的波士顿马拉松比赛。这就是右脑直觉的魅力。

在即兴演讲中,我们会用左脑的理性去拒绝右脑的直觉,你要做的就是跳出左脑的评判,相信右脑的直觉,相信你的每一个想法。并且只要你相信它、接受它,你的右脑直觉就会在现场给你源源不断的支持。

第二步:快速组织想法

即兴演讲思维也是需要单独训练的。在即兴演讲的时候,出现最多的问题有两个：第一个问题就是反应速度不够，第二个问题就是无法把不同的想法连接成一个演讲。如何训练呢？我在参加即兴话剧的时候，接触了一些很好玩的游戏，可以帮助你提高反应能力和快速组织语言的能力。

1. 反应要快

即兴演讲需要我们快速组织语言。比如，现在我要让你马上回答出你最喜欢的五部电影是什么，你能马上回答吗？即兴演讲需要我们的大脑快速形成第一想法和连接更多的想法。

有一个即兴话剧的游戏就是练习这种能力的。你可以找一个搭档，然后你们需要互相向对方提一个问题，比如："请快速列举五个著名的男装品牌""请快速列举五种植物的名称""请快速列举五种饮料的品牌"。然后，你需要迅速回答出五个名字，如果出现卡壳，你的搭档就可以倒计时，如果超过十秒还没有回答出来，就算你输了。当玩这个游戏的时候，你可以感觉到你思考的速度有时候跟不上说话的速度，甚至有时你会感觉大脑一片空白，这就说明你的右脑还没有适应快速思维的节奏。

2. 组织句子要快

即兴演讲还会需要我们的大脑快速连接不同的想法，从第一个想法到第二个想法,再到第三个想法。你连接得越快,你的演讲就越流畅。连字讲故事就是一个很好的锻炼快速连接想法的游戏。

你可以即兴地想三个词,比如白色、锅炉和大象。现在,你要即兴地把这三个关键词连接起来组成一个小故事。比如:

很久以前,有一头大象,它出生后肤色就是白色,因为和其他的大象的颜色都不一样,所以没有大象和它一起玩。它很难过,只好独自游荡。忽然有一天,他看到一个大锅炉的颜色和它的肤色一样都是白色,它开心极了,围着锅炉蹭来蹭去。那口锅炉的看护者看到这一幕很惊讶,就把大象留了下来,从此以后,大象就成了锅炉的守护者,也成了锅炉和看护者的好朋友。

这个游戏帮助你跳出左脑的束缚,发散地去连接你大脑不同的想法。

我们现在就可以做一个连字讲故事的练习。我给你提供讲故事的四个关键信息,分别是人物、地点、事件和时间。每一个关键信息下面分别有不同的情境,你需要随机选取每个关键信息的情境,然后即兴把它组成一个故事。四个关键信息如下:

人物

(1)一位公共汽车售票员和一位陌生人

（2）一位钢管舞舞者和她的母亲

（3）一位大学教授和一位幼儿园老师

（4）一位发明家和一位清洁人员

（5）一位明星和一位粉丝

（6）一位银行柜台人员和一位算命的

地点

（1）北京的南锣鼓巷

（2）珠穆朗玛峰上

（3）纽约的第五大道

（4）泰坦尼克号

（5）热气球上

（6）婚礼现场

事件

（1）一场误解

（2）重要的事搞砸了

（3）中奖了

（4）迟到了

（5）一场暴风雪

（6）被录用了

时间

（1）深夜里

（2）18 世纪

（3）2050 年

（4）破晓时分

（5）午睡时

（6）新年钟声敲响

你现在可以从人物、地点、事件、时间四个分类里分别挑出一个关键词，然后即兴讲一个故事，看看自己的即兴思考能力。在讲故事的过程中，请相信你的直觉，接受第一想法。

第三步：结构化表达

在即兴演讲中，我们需要相信右脑直觉带来的想法。但是要注意，由于这是即兴演讲，所以很容易在表达上过于发散。我们需要一个结构来约束我们思考的方向和表达的内容。所以，即兴演讲就是把右脑发散产生的思维用左脑的结构表达出来的过程。

有两个常用的即兴演讲结构，分别是"总分总"和"现在－过去－未来"。这两个结构可以很好地适应不同场合的发言，帮助我们一步步做好即兴演讲。

1. 总分总

当你在演讲中需要回答听众提出的问题时,你可以用总分总的结构。

总:你的观点是什么?
分:你如何证明你的观点?用例子还是故事?
总:你的观点是什么?

举个例子,2017年1月,在达沃斯论坛上,马云接受美国CNBC记者索尔金的现场采访。索尔金有意刁难马云,故意问他一个问题:"马云先生,阿里巴巴和亚马逊,到底哪一个模式正确?"马云不慌不忙,这样回答:

(总)我希望两者都是正确的。

(分)因为世界不只有一种商业模式。如果世界只有一种"正确"的商业模式,这个世界将非常乏味。我们需要各种各样的模式,为某种模式而努力的人们必须相信这种模式,我相信我所做的。

亚马逊更像是一个帝国,自己控制所有环节,从买到卖;我们的哲学则是希望打造生态系统,我们的哲学是赋能其他人,协助他们去销售、去服务，确保他们能够比我们更有力量。

（总）我们相信，通过互联网技术，能让每一家企业都成为亚马逊。

马云在这个即兴演讲中，就是按照总分总的结构来回答的。第一步他开门见山，表明了自己对问题的观点：阿里巴巴和亚马逊的模式，两者都正确。第二步，他举例解释了亚马逊和阿里巴巴的不同模式。第三步在回答的结尾，他不忘用一个观点升华了整个回答，那就是互联网技术能让每一家企业都成为亚马逊。整个回答言简意赅，有理有据。

注意，要想将即兴演讲做得好，会讲故事也是很重要的。马云在这个回答里举了一个例子，也可以换成一个故事，从情感上打动听众也不失为一个好的选择。

2. 现在 – 过去 – 未来

很多人需要在如下的场合即兴发言，比如获奖感言、生日祝福、酒桌祝词等。这个时候，也有一个结构非常流行，是按照时间的顺序来组织即兴演讲，那就是现在 – 过去 – 未来。

比如，在公司的年会上，你需要面对众多同事和嘉宾说一段祝酒词，那么你可以这样说：

（现在）感谢各位能在百忙之中参加我公司的年会。请允许我代表全体员工，向出席今晚年会的各位来宾、各位朋友致以最热烈的欢迎和最诚挚的问候！

（过去）公司自2009年创立以来，已走过了10个春秋。这与公司员工们的辛勤奋斗和各位嘉宾的支持是分不开的。在大家的关心和支持下，公司已经迅速成长为行业的领军企业。感谢大家多年来对公司一如既往的关爱！

（未来）展望未来，我相信凭着公司良好的经营基础和全体员工的努力，再加上各位嘉宾的支持，我们必将取得更大的进步。让我们共同举起酒杯，预祝公司和各位的明天更加美好！干杯！

在这个"现在－过去－未来"的结构中，"现在"的目的是现场表示感谢，"过去"则是演讲者回顾过去的经历和取得的成绩，"未来"则是演讲者带领听众一起憧憬未来和营造气氛。

总结一下，即兴演讲需要三步：

第一步，相信"第一个想法"。

第二步，快速组织想法。

第三步，根据不同的场合，用"总分总"和"现在－过去－未来"的结构来表达。

第三节 即兴"现挂",让听众赞不绝口

掌握右脑的即兴力,除了开口就讲,你还可以随时带动现场的气氛。这个技巧就是"现挂"。现挂,原来是指相声演员在说相声的过程中,根据场上和场下的反应临时"抖包袱"。听众更喜欢即兴发挥的段子。比如,有一次相声演员在台上表演学鸡叫,底下有一个小孩也学了一下,现场观众一下就乐了,那个相声演员机灵地冲小孩说了一句:"孩子,我收你当徒弟吧。"说完这句话,底下听众又是一阵大笑。这就是现挂的魅力,能够随时根据现场的变化互动,带动现场气氛。当舞台上表演的人可以即兴发挥的时候,听众是最喜欢的。

现挂的原理就是,你说的一句话恰恰是听众刚刚经历的,这个时候非常容易产生幽默的效果。现挂既能与听众互动,又能展示出演讲者的思维敏锐,非常能带动现场的气氛。

现挂要想做好,可以从三个方面入手:

挂听众:演讲现场的听众。
挂热门:近期的新闻或热门关键词。
挂趣事:演讲现场发生有趣的事。

挂听众

挂听众就是演讲者即兴提及现场的听众和他发生的一些趣事。听众很喜欢这种方式。

2018年,在一场知识分享大会上,教手机摄影的嘉宾卷毛佟上台做分享。他一上场就问听众:"各位,你们手机里存的最早的一张照片是什么时候的?"他想用这个问题活跃一下气氛,同时与底下的听众建立共鸣。听众七嘴八舌地回答起来。"我最早的照片是2000年",这时候,一个听众的回答引起了卷毛佟的注意。他冲着所有听众说:"这位听众最早的照片是2000年拍的,还有没有比这个时间早的了?"等了一会儿,底下没人回答。于是,卷毛佟决定给这个听众送个奖作为鼓励。当听众收完礼物下台后,卷毛佟说了一句话,把听众逗笑了。"大家看,这个听众为了这个奖品等了18年。"

卷毛佟这个现挂很幽默,他巧妙地把听众获奖这个即兴发生的事,用"等了18年"调侃了一下。现挂考察的是演讲者对突发事件的即兴反应,很多时候,我们需要有一定的敏感度,根据听众现场发生的趣事来现挂。

比如,我在上课的时候,就会遇到现场学员手机响,这也是很多演讲者会碰到的情况,我会马上来个现挂,说:"这个配乐不错。"这样既调侃了突发状况，又善意地提醒了那个听众，可谓一举两得。

挂热门

挂热门是指演讲者把最近刚刚发生的新闻或热门关键词加到演讲中。比如，我曾受邀做过一个分享，就在我分享的前一天，朋友圈刚刚诞生了一个热门关键词，叫"主要看气质"，当时很多人都在发朋友圈并配上这句话。于是，我临上场之前，灵机一动，也决定现挂这个词作为开场。当时我是这样说的：

大家好，今天非常高兴可以在这里和大家分享一些演讲方面的经验，这些东西都是我多年实战的干货，但是我不只以干货多而著称，我主要看气质。

当时我说完这句话，听众哄堂大笑，但这个反应在我的意料之中，不是因为我这句话有多么幽默，而仅仅是因为我挂靠了朋友圈刚刚发生的热点，而这个热点还在听众的大脑中。所以，下次你演讲的时候，可以查一下前一周的热门新闻或者近期的热门关键词，然后把它加到你的演讲中，用现挂来调节现场的气氛。

挂趣事

挂趣事是指演讲者把现场发生的趣事即兴加到演讲里。比如，阿里巴巴在 2017 年举办了一场万人年会，大会一开场是节目表演。马云也上场了，而且扮演的还是摇滚巨星迈克尔·杰克逊。但是，马云的舞姿和他演讲的功底差别还是很大的，所以节目结束后，轮到马云上台讲话，他就在开场又现挂了一下自己的舞蹈。

我估计我今天讲的不会太好，因为我还沉浸在自己跳舞的时候。我在反思：为什么我每次到黄龙来演出，都不那么成功，在自己家里总是很成功？规模小的时候，我的演出总是特别成功，而一遇到大场面总会失控。

所以，我特别欣赏能够在大场面上掌控的人。为了这个年会，很多人付出了巨大的努力，我也很内疚，我想我就好好表演一个。但是，前十天没表演，昨天晚上连做梦都在练，但一上台，音乐一响，东西南北都分不清，全乱套了。所以希望大家都能理解，我的心还没有沉静下来。

我们可以和马云学习的是，当你上场演讲时，你可以根据现场发生过的趣事来开场。这种即兴的反应是听众最喜欢看到的，你也因此带动了演讲的现场气氛。

这三种现挂形式，既能够增强与听众的互动，又能让现场的气氛轻松，是非常值得推荐的即兴演讲技巧。

第四节　即兴救场，让你搞定突发情况

掌握即兴力，除了可以帮助你脱稿讲话，还可以帮助你应对演讲中的突发事件，比如忘词、幻灯片不工作、听众提问。当出现这些事情的时候，有时候现场气氛会比较混乱，这就需要我们的即兴救场能力了。

忘词

忘词是最常见的突发事件了，也是最尴尬的事情。我就看见过演讲者瞪着眼睛，站在台上干想半天也说不出一句话的情况。这里面存在一个错误的思维定式，那就是我准备了十点内容，那我上台后就要按顺序讲十点。如果忘了其中一点，我就一定要把它想出来再说。

如果你见过老式唱片的话，你会发现在播放的时候，遇到唱片质量不好的情况，唱针有时候会卡在那里，但是有时候它

会成功自动跳过。我们遇到演讲忘词，也要有自动跳过的意识。因为，这里面有一个误区，就是准备多少说多少。其实听众是不知道你准备了多少内容的，你完全没有必要担心你的演讲顺序，如果真是现场忘词了，那就启动即兴思维"是的，而且"，大胆地跳到你能想到的下一点去讲。如果后面回忆起来了，再将内容补回来，也是可以的。这就是我们一直强调的，突破左脑的框架，发挥右脑的即兴力。

口误

在演讲的时候，演讲者难免会遇到舌头打结、说错话、发错音的情况。比如，主持人杜海涛在湖南卫视小年夜上就有一次口误。当他要说赞助商交通银行时，他居然说成了另一家银行"招商银行"。幸亏旁边的搭档何炅赶忙问了一句："你是不是还有别的银行卡没告诉我们？"这才成功化解尴尬。

当我们演讲的时候，如果是一个无伤大雅的口误，比如"以迅雷不及掩耳盗铃之势"这样的口误大家能听懂，也不会对整个演讲的内容产生影响，那就无须解释，继续演讲就好了。

但是，如果演讲者犯了一个原则性错误，可能会让听众产生疑问，那么就要指出来。比如，韩乔生曾经说过这么一句话:"已经有很多俱乐部表示要购买皮耶罗,拉齐奥出价3000万美元,曼联出价更高,2800万美元。"如果不解释,听众一定会带着这个疑问听完整个演讲,也会降低演讲者的权威性。所以,遇到原则性口误要有即兴思维"是的,而且",承认错误,并且及时纠正错误。演讲者可以自嘲一下:"纠正一下,曼联出价是3500万美元,请各位谅解,我的数学是体育老师教的。"

听众提问

有时听众会在演讲中提问,如果演讲者不清楚答案怎么办?此时,演讲者可以用以下三种技巧。

第一种技巧,如果现场人数非常多,而且都互相不认识,演讲者可以说:"因为时间的原因,关于您的问题,我可以私下帮您解答。您看我们先继续后面的演讲好吗?"这一点非常重要,因为听众的提问有时只代表他遇到的情况,其他的听众不见得遇到。如果你过于关注对一个听众的问题解答,会让别的听众不高兴,同时也会让你的演讲有超时的可能。所以,演讲者在回答问题时,要敏感地关注所有听众,避免和某个听众互动时间较长。

第二种技巧,当听众提了一个问题,演讲者并不知道如何回答的时候,尽量不要不懂装懂,这样会造成听众的更多困惑。演讲者可以开诚布公地告诉听众:"你好,这种情况我也没有遇到,我可以回去研究一下,然后再告诉你,好吗?"听众也是可以理解的。

第三种技巧,就是演讲者把问题抛给听众,可以问一下"大家是怎么看这个问题的"。如果有的听众恰好可以回答问题,那么就帮助演讲者解围了;如果没有人回应,那么演讲者再告诉听众私下解答。注意抛问题这个技巧比较适合小的演讲场合,比如二三十人;如果听众人数较多,有的听众会因为人多而不好意思发言。

如果听众挑战你演讲的内容,我们的原则就是先正面做出解释,如果听众还挑战的话,我们就建议私下讨论,避免占用过多的演讲时间。谨记在演讲台上我们不争输赢,保持风度。

超时

演讲者超时非常常见,同时会给别的演讲嘉宾和听众带来影响。2018年10月27日,在杭州举行的2018年中国计算机大会本来有一个嘉宾访谈的环节,但是因为前面的嘉宾演讲超时,导致该访谈的主持嘉宾上场的时间已经接近中午,而现场很多听众已经离开。该主持嘉宾一怒之下把话筒摔在地上,扬长而去。

演讲超时了怎么办？演讲者一定要有迅速结束的能力。如果还有十页 PPT 没有讲完，那么建议不要按部就班地讲完你的内容，而是飞快地跳过剩下的内容，或者用一两句话总结收尾。不要让你的 PPT 成为你的负担，听众并不知道你准备了多少页 PPT。所以，大胆地跳过剩下的内容吧！

PPT 出问题

在锤子坚果 pro2 发布会上，罗永浩正在讲话的时候 PPT 不动了。这个时候，面对几千人的听众是极其尴尬的。但是罗永浩不愧身经百战，立刻打圆场，说："我猜想如果没有什么意外的话，现在呢，我们的同事正在飞快地在迷宫一样的楼梯上……我猜我按下一页，有可能已经好了。"但是说完这句话，他发现幻灯片依然不工作。于是他夸张地晃晃胳膊，对着屏幕，按了几下翻页器，赶紧又说了几句："作为一家企业，前面那些都不重要……最重要的部分是要开卖了，这是我们创业五年来最艰辛的时刻。要开卖的前夕又出现这样的问题。我希望赶紧开卖。"一边说着，他一边微笑地看着屏幕，手里拿着翻页器，一边使劲地按，一边喃喃自语："赶紧开卖，开卖。"这一举动把听众逗得哈哈大笑。罗永浩的这个即兴反应加小幽默，成功化解了尴尬，也为现场技术人员的维修赢得了时间。

我们在演讲的时候，遇到设备故障，幻灯片忽然不动了，或者麦克风不工作了，这个时候我们要怎么做呢？有的演讲者就会默默地等着技术人员处理好这个问题。但是，听众怎么办呢？他们也在等待。演讲者需要马上采取措施去化解这个尴尬。我们可以用即兴思维"是的，而且"，先安慰一下听众的情绪，说："现在幻灯片有点问题，大家耐心等待一下，我先不用幻灯片和大家讲一下接下来的内容。"然后演讲者可以在等待技术人员维修的时候继续演讲，或者讲些题外话。虽然没有幻灯片了，但是演讲者需要即兴脱稿演讲，避免听众等候过长。尽管这样讲压力很大，这却是每一个演讲者需要练习的临场应变能力。

总结一下，即兴力就是我们右脑演讲思维的第三个能力，也是很多人忽略的。它能够让演讲者随机应变，根据演讲现场和听众的反应即兴发挥，应对突发情况。

总结

右脑演讲思维的第三个能力：即兴力。

方法一：即兴演讲（第一想法—快速组织想法—结构化表达）。

方法二：即兴"现挂"（挂听众、挂热门、挂趣事）。

方法三：即兴救场。

演讲忘词时的应对方法：即兴跳过。

演讲口误时的应对方法：继续演讲、自嘲纠正。

听众提问的应对方法：现场解决、会后解决、邀请听众解决。

演讲超时的应对方法：即兴删减。

PPT 出问题时应对方法：即兴演讲、化解尴尬。

Review 读者感想

范婧 / 知乎　内容制作人　资深内容运营

作为一个左脑型的人，我一直对"即兴"的重要性感触良多，不仅是每一次发言演讲，人生也更是由一场场"即兴发挥"构成的。

我的工作是在线课程的内容制作，"即兴"这个概念对我非常重要。我的工作需要与周围的人或事发生连接与交换，有很多突发的情况需要我用即兴去应对，在这章里学到的"是的，而且"很是受用。

全脑演讲
左脑逻辑，
右脑情商

第二篇
全脑演讲呈现

第七章
气场强大，你也可以做到

第一节　为什么你的演讲没有气场

　　《非你莫属》是一档求职节目。在其中一期中一位北京大学心理学专业的硕士来应聘。一开始，她先做了自我介绍，展现了她在学业和工作上的优势。突然，有一位嘉宾不满地说道："我觉得求职者上台，起码要注意一下你的仪容仪表，比如你刚才的站姿就有问题。"原来这位求职者的站姿有点松懈，一条腿没有站直。主持人张绍刚也笑了，冲着求职者说："你刚才有一条腿弯着站，整个人会有些向我靠拢，所以我稍微往后退了一下。没想到，一会儿你的另外一条腿又弯着站了，又离我远了，我不得不又向你靠近了一些。"听完这番话，嘉宾和听众都乐了，求职者满脸通红，恨不得找个地缝钻进去。

　　为什么站姿会引发听众关注呢？美国圣心大学专门研究过这种现象。他们发现，当口头和身体所传达出的信息不一致时，人们主要关注身体语言所传达的情感信息。有这样一句话：关键不在于你说了什么，而在于你是如何说的。这位求职者虽然背景优秀，但是身体语言呈现的是一个松散的形象气质，让刚才那位嘉宾误以为她的求职态度很随意。

很多人在演讲中是不太注意身体语言的。比如，他们在演讲中将整个身体都朝向 PPT 的方向。这会导致演讲者和听众没有眼神交流，听众也就自然而然地一直盯着屏幕看，于是，演讲变成了阅读。

要想展现一个强大的气场，演讲者需要重视身体语言的五个方面，分别是站姿、表情、眼神、手势、移动。通过运用身体语言，演讲者可以展现自己的自信，打造自己的气场。

演讲者比较常见的错误的身体语言如图 7-1 所示。

图 7-1 演讲者常见的错误的身体语言

这些问题都会使演讲者在舞台上的表现力下降，影响演讲者的气场。我们来一一解决。

> **"左脑人"注意**
>
> "左脑人"注重演讲的内容,但容易忽略演讲的形式,比如与听众的眼神交流不多、手势不够丰富,这会导致演讲无法从气势上吸引听众。这类演讲者平时需要加强舞台的呈现力,在准备演讲时可对着镜子练习演讲的手势、表情、站姿。

第二节 身体语言,让你的演讲气势非凡

站姿

提到站姿,我们先聊个话题:坐着演讲可不可以。我之前在给某建筑设计公司培训的时候,他们的员工通常都是坐着去给客户演讲。但是在课上,我还是会建议他们要站着演讲。为什么?因为站着演讲的气场会高于坐着演讲的气场。气场来自哪里?不光来自你说的话,还来自你的身体呈现给听众的视觉感受。当你坐下来的时候,你只呈现了胸部以上部分,从听众的角度来看,演讲者并没有以完整的姿态去演讲。而从听众的角度看,最好的演讲方式就是演讲者站在舞台的正中央,身体的前方没有半点遮挡物,这时候的气场是最强的。

正所谓"站如松,坐如钟"。我以前有一段时间被别人指

出演讲的时候驼背。如果演讲者在台上驼背，从气势上就输给别人了。我也发现一些演讲者，可能他们讲得一般，但是有的人上台腰板特别直，即使不说话，站着就已经有气场了，如图 7-2 所示。

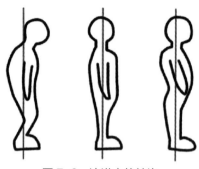

图 7-2 演讲中的站姿

还有一种常见的错误站姿，就像前面提到的例子中的求职者一样，演讲者一条腿笔直，另一条腿却弯着，这样的站姿看起来会有一种很垮的感觉，非常不利于树立自信的形象。

所以，正确的站姿就是双脚略微分开且与肩同宽，同时背部挺直，双手自然下垂且放在身体两侧。有的人总觉得双手自然下垂有些别扭，喜欢把手插入兜里，或者放在背后。其实，这些动作完全没必要。它们叫闭合式身体语言，会显得你很紧张，不够放松。

还有一个需要注意的就是身体的朝向。很多人在演讲的时候会面朝 PPT。这里面既有准备不足的问题，又有不自信的原因，所以演讲者下意识地用 PPT 转移了听众的注意力。但是这样做的弊端是，人们读 PPT 的速度远远快于你的演讲速度，所以，好好的一场演讲就变成了一场读书会。演讲者身体要面向听众，即使看 PPT，也是身体微侧，不要把身体完全朝向 PPT。

除此以外，尽量别把 PPT 当提词器。常见的 PPT 使用误区，是把想讲的内容都放在 PPT 上，觉得内容越详细越吸引听众，自己也省事。但是，演讲者忽略了听众的注意力只能聚焦于一点。播放的 PPT 越精彩，听众反而都关注 PPT 了。所以，PPT 成了演讲者的竞争对手。PPT 可以辅助演讲者，也可以干扰演讲者。解决的方法就是 PPT 的内容尽量简洁。

乔布斯的演讲 PPT 就非常的简洁，一张 PPT 上放很少的内容。现在很多互联网企业，如小米、罗辑思维等，在 PPT 的呈现上也是这种乔布斯式的极简风格。极简风格的 PPT 可以有效地帮助演讲者强化演讲内容，同时没有分散听众的注意力。

表情

演讲者的面部表情也是一个很有意思的话题。很多演讲者由于紧张，在台上面无表情。有一次我在演讲培训的时候，屏幕展示了两张照片，一张是一位名人，另外一张是一位名不见经传的演讲者。照片中的这位名人一脸严肃，而那位不知名的演讲者则微笑着。然后我问学员，看完这两张照片，你更喜欢哪一位？几乎所有学员都喜欢那位名不见经传的演讲者。原因很简单，虽然这位名人名气大，但那张照片传递的感觉却是高高在上，而那位名不见经传的演讲者却因为亲和力十足的微笑与听众拉近了距离。所以，面部表情就是演讲者带给听众的第一印象，它可以展示一个演讲者的亲和的气场，如图 7-3 所示。

图 7-3　演讲者的表情

如果你在一个陌生的场合演讲，希望和听众快速建立联系，那么你可以尝试微笑着说话。如果你无法做到，那也不必勉强，毕竟违背自己内心的表现是不自然的，反而弄巧成拙。只要不是绷着脸上台，演讲时让自己的表情尽量放松一些，那也是可以的。表情可以通过私下练习来改变和强化，经常对着小镜子练习一下微笑的表情。

有句话叫相由心生，我们的面部表情反映的是我们的内心。要想练好表情，重要的是台上台下表里如一，生活里也要修炼自己，做一个保持微笑、善于沟通、愿意和人建立联系的人。

眼神

对于演讲新人来说，与听众进行眼神交流是一个非常难的技能。看哪里？看多长时间？怎么看？我们之前提到过有人演讲的时候眼睛只看着屏幕，不看听众。这是最常见的一个眼神交流的问题。那眼神交流的重要性是什么呢？它在提高气场上扮演着什么角色呢？当你在舞台上和听众有眼神交流的时候，听众看到的是一个专注的演讲者的形象。与微笑传递的亲和气场不同，这是一个专注的气场。一个敢于和听众有频繁眼神交流的演讲者，他展现在听众面前的，肯定也是自信的气场。在眼神交流里，我们要避免以下三种问题：

演讲者在思考时眼神会向下或向上看

我见过这样的演讲者，在演讲的时候忽然忘词，这时候他会一边思考，一边眼睛往下看，使劲思考下一句讲什么。还有的演讲者在忘词的时候，眼睛会向上看。这对于演讲者是一个思考过程,但是从听众的角度看,这个眼珠翻转的动作会非常难看。演讲呈现的不光是内容,还有仪容仪表,即使是那几秒的思考仪态,我们都要把它做得落落大方。如果你在演讲中忽然忘词了,而又想回避听众的目光,可以把你的目光平视,望向听众席的后面,或者略微低一下头,沉思个两三秒。这样,既避开了听众的眼神,又进行了思考。

演讲者频繁和某个听众进行眼神交流

演讲中还有一个普遍的现象是,演讲者只和某些听众进行眼神交流,比如:

(1)专心听演讲者说话的听众。
(2)演讲者认识的听众。
(3)离演讲者距离比较近的听众,比如前排的听众。

演讲和私下交流不一样,私下交流是一对一的,而演讲是一对多的。如果你只和前排听众做眼神交流的话,会让其他听众有一种被忽视的感觉。美国前总统克林顿就是一个非常优秀的演讲家,有人这样形容克林顿:他在台上非常有魅力,每当他上场演讲的时候,他仿佛在看着现场的每一个听众,和他们交流。

我们在演讲的时候,不可能和每一个听众进行眼神互动,但是我们可以把目光聚焦在五个方向。想象一下麦当劳的标志,那是一个大大的黄色 M。眼神的交流方向与字母 M 相同,比如听众席左下、左上、中下、右上、右下。你可以在每个方向与一个不同的听众进行眼神交流。这样你的眼神基本就可以覆盖现场大部分听众了,五个方向的顺序可灵活安排,如图 7-4 所示。

图 7-4　演讲中的眼神

演讲中与听众的眼神交流时间多长比较合适?我在课上测试过三种时长,分别是 1 秒、2 秒和 3 秒。根据现场听众的反馈,1 秒的效果过于短暂,显得眼神很飘;3 秒的眼神又显得有点长,听众会被看得很不好意思。所以,最佳的时长是 2 秒,既展现了与听众的互动,又不会让听众不舒服。

演讲者眼神转移过快，飘忽不定

我辅导过一个 CEO，他在演讲的时候就不太会与听众进行眼神交流，主要问题就是眼神比较飘忽不定，像机关枪扫射一样，从左跳到右，反正就没有好好看过一个听众。为了改变他的这个习惯，我们做了一个眼神训练。

我让两个听众分别坐在了会议桌的左边和右边，而我则坐在了会议桌的最后面。然后，我让这个 CEO 在桌前开始演讲。但是，我设置了一个规则，就是演讲时这个 CEO 必须要和这三个方向的听众有眼神交流，而且和每个听众的眼神交流要达到 2 秒。如果没看或者时间不够，就要接受 100 元的罚款。不知道是不是在罚款的驱动下，那个 CEO 做得很好，演讲的气场也由于眼神的稳定而提高了。所以，如果你想练习眼神交流，也可以在平时演讲的时候选定听众席三个不同的方向，分别定位一个听众做 2 秒钟眼神交流的锻炼。

手势

手势是演讲中气场最重要的一部分，它是一个视觉辅助的工具，让我们的演讲更加丰富多彩。擅长演讲的人，往往会用不同的手势去表达。记得有一次看惠普前总裁卡莉·菲奥里纳（Carly Fiorina）演讲，当她说到"动力"这个词的时候，她形象地把左手放在前面,右手向左手的方向做了一个推的动作,用来表示动力。当时这个动作就完美地加强了"动力"这个词的效果。我们在演讲的时候都会有需要强调的重点,为了突出它,我们可以用不同的手势表达出来。

手势有两个地方比较重要,分别是手势的位置和手势的用法。

手势的位置

我们可将身体分为上中下三个区,分别是肩以上、从肩到腰、腰以下。而手势在肩以上,代表的是鼓舞人心、引人注目。想象一下你在逛街的时候,看到远处的一个熟人,你拼命挥动双手希望引起他的注意。或者美国总统大选,总统候选人面对选民做演讲的时候,会挥动他们的双手向听众致意,这个就是肩部以上的手势最适合的场景。

而我们大部分人做的手势都会集中在肩部到腰部的区间。这个区域的手势就是最适合演讲和私下交流的,如图 7-5 所示。

图 7-5 演讲的手势区域

手势的用法

（1）**单手掏心窝**　很多刚学演讲的小伙伴可以先从单手开始练起。比如，比较常见的手势是把右手指向胸口，然后慢慢由内往外展开，做一个类似"掏心窝"的动作。每当你要在演讲中强调一个重点的时候，你可以用"掏心窝"的手势来衬托。但要注意间隔，每隔5秒到10秒可以做一次。等你慢慢熟悉以后，就可以不拘泥于时间，完全根据你当下的演讲感觉去调整，如图7-6所示。

图7-6　单手掏心窝

（2）**双手握球**　另外一种最显气场的手势就是双手的动作。双手的手势可以通过以下的方式展示出来：双手掌心相对，相距约40厘米。这个动作在演讲的时候比较常用，它展现出了一种权威的气场，也表明了对所演讲内容的强调。为了更加形象，想象一下你双手握着一个球。

掌心相对，同时双手往里或往外移动，双手掌心距离的变化也可以表现不同的含义。比如，你在演讲中说："今年我们的销售工作做得很好，销量比去年增长了很多。"这时你就可以把双手相对，然后慢慢往外拉开，通过双手距离的扩大来表现销量的增长。如法炮制，你也可以说："今年我们的销售工作做得不好，销量比去年下降了很多。"这时你的双手掌心距离可以慢慢缩小，以此表明销量下降。双手的距离，可以表示程度、数量、大小等，如图 7-7 所示。

图 7-7　双手握球

（3）**双手掏心窝**　我们在演讲的时候会讲到不同的观点。我们可以分别用左手和右手交替向外的方法去强调观点的切换和强调。具体做法是双手垂直放在腿两侧，当讲到一个观点的时候，可以将左手抬起，做一个由内向外"掏心窝"的动作，然后放下；当讲到另外一个观点的时候，将右手抬起，做一个由内向外"掏心窝"的动作。这样用手势的切换去展示观点的变换。我们也可以同时用双手做"掏心窝"的动作（见图 7-8），这个双手的动作气场也很强，但这个动作不要连续做，最好可以和单手手势配合着来做。这样从视觉的呈现上会比较丰富。

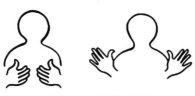

图 7-8　双手掏心窝

比如，你在讲下面这段话的时候，就可以用这组手势来表达。

大家好，今天我要给大家讲一下演讲的两个主要问题。第一个是演讲的内容如何打动听众（将左手抬起，做一个"掏心窝"的动作，放下），是每一个演讲者都要提前设计好的。第二个是如何用我们的身体语言去把内容完美地表现出来（将右手抬起，做一个"掏心窝"的动作，放下），这也是不容忽视的。综上所述，演讲中一定要既有内容，又有好的身体语言（两只手缓缓抬起，做一个"掏心窝"的动作，放下）。

手势的练习

综艺节目里有一个和手势相关的猜词游戏，是两个人搭档。一个人看大屏幕上的词，需要用身体语言演出那个词，让搭档去猜。这个游戏就是为了锻炼身体语言的表达能力。比如，我如果让你不说话，只用身体语言告诉我今天早上你起来都做了什么，你如何表达？

这是我在演讲培训课上让学员做的一个身体语言的练习。你需要用手势来演一个早上起床的故事。比如，你会一只手拿牙膏，一只手拿牙刷，然后把牙膏慢慢挤到牙刷上。接下来，还有吃早饭、换衣服、穿鞋等一系列动作，都要用你的手势表现出来。这样练习的好处就是你在说话的时候，开始习惯用手势去配合。这会非常充分地锻炼你的想象力、肢体协调能力。你在逐渐习惯用这种夸张的方法表达后再进行正常的演讲，就会自然很多。

移动

身体移动通常涉及两个问题，一个问题是一动不动，另一个问题是不停走动。如何解决呢？

移动切换观点

我有一次给某大型电信企业演讲比赛做辅导，为了模拟真实效果，就选在了演讲总决赛的场地去做培训。总决赛的舞台非常大，右侧有一个小的讲台。当练习开始时，我发现这些参赛的选手只会站在讲台后去演讲，而不会移动。原来这些选手是不知如何移动。我们想象一下，你在看电视的时候，如果长时间看一个台，画面不变，你能坚持多长时间？听众也一样，你在台上一个位置站久了，听众也会出现视觉疲劳。

如何移动呢？我建议不管是在大舞台还是在公司的会议室，都可以把演讲的舞台分成左、中、右。但是，如果你要用PPT 的话，站在中间会挡住 PPT，所以有 PPT 的演讲移动就是从左到右。那么，什么时候移动呢？

我业余时间参加过一个话剧表演的社团，有一次在练习话剧的时候，我站在舞台上，一边说台词，脚一边不由自主地移动。这时候，我的话剧老师问我："你为什么要移动？"我也愣住了，完全没想过自己为什么要移动，也许是觉得表演话剧时干站着不好看。我的话剧老师说："舞台上，演员的每一次移动都是有目的的，每一个动作都是为了表现主人公的内心变化或者为剧情的进一步发展而服务。"

对演讲来说，移动也要有目的，它可以很好地辅助你演讲的内容。我认为移动有两个目的：第一个是你要从观点一转到观点二；第二个是你要强调一个很重要的事情。

比如，当你讲："接下来，我们来看一下第二个重要的内容。"说这句话的时候，你就可以从舞台的左边移动到右边，用身体的移动来你切换你的观点。当你强调一个观点的时候，你可以说："我想强调的是，接下来的销售任务很重要。"这时，你可以从舞台的右边走到左边，用身体移动来强调观点。

设定移动范围

除了演讲者一动不动的问题外，还有一个问题，就是演讲者不停地走动。前者的原因是紧张，后者的原因还是紧张。比如，有一次我看某综艺节目的时候，只见一个年轻的嘉宾上台后，一边说着脱口秀，一边不停地从舞台的左边走到右边，然后再从右边走到左边，仿佛笼中的一只老虎。

这种不停移动的原因就是紧张，但频繁移动会干扰听众的注意力。对这样的演讲者，我的建议就是不要让紧张控制自己的身体，提前设计自己在舞台左、中、右的三个站位，把移动的节奏降下来。

需要注意的是，很多演讲者，特别是口才好、有经验的演讲者，特别容易在讲高兴了以后，离听众越来越近，甚至直接走进听众席，这会出现什么情况呢？那就是第一、二排的听众只能扭过身子去看你。如果时间短还好，时间长的话，前几排听众的体验就会很差，因为看不见演讲者，所以就会不专注。我就看见过演讲者在讲兴奋后走进听众席去演讲，而这时候前两排的听众因为看不见演讲者，便开始低头玩手机。所以，演讲者要提前设定演讲的移动范围，轻易不要越过那个范围。

总结一下，身体语言可以提高我们的气场，通过站姿、表情、眼神、手势和移动，让我们的演讲更加形象化，富有感染力。

第三节　语音语调，让你的演讲铿锵有力

声音对听众的情绪影响也会很大。一个高昂的声音可以振奋人心，一个温柔的声音能够感人肺腑。我刚接触培训的时候，受邀参加一位培训师的课程。他的个子不高，戴一副眼镜，可以说有点其貌不扬。但是当他站在讲台开始说话的那一刻，他那浑厚和洪亮的嗓音一下子吸引了我，他的声音穿透力非常强。在那一刻，我发现他的气场瞬间提高了。

我的声音练习也是经历了一番坎坷的。有一次我参加演讲俱乐部的比赛，那天发挥得还可以，现场的听众反应也还不错。比赛结束后，我碰见一个资深的会员，他说你的演讲挺不错，就是声音有点尖，听起来有点女气。什么？女气？那还是我头一次听到有人说我的声音女气。以前我一直觉得自己的声音还不错，不说是浑厚有磁性的男低音吧，好歹也是个男中音。听完他的这番话，我特意找来那场比赛的录像，通过回放，我发现在某些时刻，我的声音确实变得有点尖锐，感觉在扯着嗓子说话。我有点纳闷，平时说话声音不尖啊，为什么比赛的时候会变声呢？

后来我开始钻研发声技巧，这才慢慢找到原因。其实就是我参加比赛多少会有点紧张，结果导致气息不够流畅，没有足够的底气去支撑我的声音。于是，声音就会显得非常单薄，别人听起来就会觉得像女声。

后来随着我演讲时间的增加，声音发生了改变。那还是一次出差的时候，在前台登记入住，我忽然感觉好像手机在震动，以为有人给我打电话。结果拿出手机一看，发现没有人打电话，我这才发现，居然是说话时胸腔在共振。后来这样的事情又发生过一次。可能是因为我经常演讲和培训，所以不知不觉加强了丹田发声和胸腔共鸣，而这两点又是发声最重要的技巧。

很多刚开始演讲的人会遇到如下问题：

- 声音乏力
- 语调偏平
- 语速偏快
- 赘词过多

我们来一一解决。

> **"左脑人"注意**
>
> 情绪和声音的联系非常大。"左脑人"在演讲中情绪的表达不够饱满,导致声音平缓,没有起伏,需要特别加强音量、语速、语音语调的训练。

问题一 声音乏力

有很多小伙伴都会遇到这样的问题:说话声音不够洪亮,听起来没有底气。如何解决这样的问题呢?我们先看一下声音是如何产生的。

吸气

我们的声带是薄薄的两片肌肉,像两扇门一样,要说话的时候,两边的"门"会互相发生摩擦,产生声音。如何让声带产生摩擦呢?答案就是直接用嗓子发声。但这样的话,嗓子会比较累。有一个方法可以减轻嗓子的负担,又能增强声音音质,那就是用我们的气息去顶这个声带,气流越大,声音越响亮。如何让气流增大呢?那就得靠吸气,吸的气越多,吐气的时候就能让声带撞击得越响。吸气如何算多呢?把气吸到你的腹部,具体说是丹田的位置。丹田在肚脐以下三个指头的位置,或者你试着轻声咳嗽一下,腹部凸起的地方就是应该用力的地方，你的气也要吸到这个地方。

练好吸气，有一个比较经典的练习。请你把眼睛闭上，想象一下你在一片草原上散步，忽然你发现一朵小花，于是你弯下腰把花摘了下来，放在鼻子底下深深地闻了一下，那是一股沁人心脾的芳香，想象一下你闻花香的感觉。

注意，很多人在练习闻花香的时候都会耸肩膀，这说明你用力过猛，导致气息只是吸入了胸腔，没有进入丹田。不要耸肩膀，缓缓吸气，当你看到腹部慢慢涨起的时候，说明气息已进入丹田。

吐气

经过几次练习，我们慢慢地可以把气吸满了。接下来，我们就要练习吐气。吐气的作用就是从丹田持续地向声带送气，让气息一直可以托着我们的声音，让声音听起来更加有力。这个吐气的练习有三个。

第一个是我们可以在吸一口气后，发一个"嘶"的音，看看这口气可以坚持多久。吐字的时间越长，代表你的气息越强。

第二个是练习一个绕口令，要一口气说完。

出东门过大桥，大桥底下一树枣，拿着竿子去打枣，红的多，绿的少。一个枣两个枣三个枣四个枣五个枣六个枣七个枣八个枣九个枣十个枣十个枣九个枣八个枣七个枣六个枣五个枣四个枣三个枣两个枣一个枣。

第三个是比较有趣的方法，就是通过唱歌。有一首在抖音上很火的歌曲，是许哲珮的《气球》。这首歌有趣的地方是，歌手一口气唱完了56个字。这种唱法甚至引发了很多小伙伴来挑战，你也可以看看能不能一口气唱完。

黑的白的红的黄的紫的绿的蓝的灰的你的我的他的她的大的小的圆的扁的好的坏的美的丑的新的旧的各种款式各种花色任你选择。

一旦你的吐气慢慢稳定了，你的声音就有了力量。

发声练习

为了能够锻炼丹田发音，我们还可以做一些发声练习。你可以深吸一口气，然后发"嘿"这个音两次。这个音可以极大地刺激到我们的腹部肌肉，让我们的丹田可以参与到发音的过程中来。我们要做的就是持续地用一口气练习这个音，从两次练习到四次、八次。在练习的过程中，声音保持一定音高，音量音色也要保持一致。

另外还有一个小技巧，针对那些平时性格比较文静、演讲声音小的人。他们在演讲的时候，可能因为嘴张得不够大，所以导致声音发不出去。这类人可以尝试在练习的时候找一些文章去读，把嘴张得很大，夸张地读每一个字，这样声音就比以前大了很多。

比如，朗读这首绕口令《白石塔》。

白石塔、白石搭；白石搭白塔；白塔白石搭；搭好白石塔；白塔白又大。

这是一个经典的练发声的绕口令，大家可以多练习。

问题二 语调偏平

我在培训演讲的时候，碰见过一些演讲不错的小伙伴，后来我仔细听了一下，发现他们都有一个特点，就是语音语调都很不错。换句话说，也许他们的演讲内容一般，但是他们凭借发声技巧，抓住了听众的心。语调偏平是我见到的演讲者最容易犯的错误，特别是偏重左脑的演讲者。这样会影响演讲者在台上的气场和表达效果。要想解决这个问题，可以从重音、语调、语气入手。

重音

重音可以说是声音中最重要的技巧。说到重音，我们先举个例子，看看网友翻译的北京话，你能看出来有什么发音特点吗？

胸是炒鸡蛋——西红柿炒鸡蛋

王五井儿——王府井

西日门——西直门

北京话有一个很大的特点就是连读，也就是吞音，但这会产生一个问题，就是说快了会导致吐字不清楚。特别是在北京的公共汽车上，售票员用地道的北京话一报站名，王府井就变成了"王五井儿"。

如果在演讲的场合，就要求我们一定要字正腔圆，把每一个字都说清楚。除了说清楚，我们还要去想这句话强调的关键词是什么，然后把它重读出来。比如，在下面这句话中，我强调的字不同，要表达的含义也不一样。

<u>我</u>知道你行：是我，不是别人，知道你行。

我<u>知道</u>你行：我当然知道你行。

我知道你<u>行</u>：我知道你可以把这件事情做好。

通过这个例子可以看出，重音在哪个字上，哪个字的意思就在整个句子中起了主导作用。

我们在演讲的时候，也要找到每句话强调的字和词是什么，这样才能展现出这句话的力量。比如，下面这段来自臧克家的抒情诗《有的人》，画横线的地方就是需要重读的字。

有的人<u>活</u>着，

他已经<u>死</u>了；

有的人死了，

他还<u>活</u>着。

这首诗是臧克家为纪念鲁迅先生逝世十三周年而写，他有感于鲁迅先生在人民心中的分量，于是挥笔写下此诗。第二句的"死"字要强调，和第一句的"活"字做对比。最后一句的"活"字也要重读。这两个重音强调那些肯给人民当牛做马的人，虽然死了，但精神永垂不朽，永远活在人民的心中。我们试着朗诵一下下面的句子，看看能不能体会需要重读的词。

- 让暴风雨来得更<u>猛烈</u>些吧！
- <u>祖国</u>，我爱你！
- 东风<u>来</u>了，春天的脚步<u>近</u>了。

- 她笑得<u>开心</u>极了。
- 红的像<u>火</u>，粉的像<u>霞</u>，白的像<u>雪</u>。

语调

在演讲中，语调偏平会无法传递出演讲中的不同情感。这就需要我们了解三种常见的语调应用的场景。

（1）**升调**　语调由低到高，句尾音上扬，常用于表达喜悦、兴奋、惊异等感情，也常用于疑问句。

同学们，这场比赛我们打赢了！↗（喜悦，兴奋）
啊！他也考了满分？↗（惊异）
这位先生，请问到图书馆怎么走？↗（疑问）

（2）**降调**　语调先高后低，句末语势明显下降，末字低而短，一般用于感叹句、祈使句等，表达自信、肯定、坚决等感情。

多么勤劳、智慧、善良的人们啊！↘（感叹）
哥哥，你快别说了！↘（劝阻）
如果你只是要借钱去买毫无意义的玩具的话，给我回到你的房间睡觉去！↘（坚决）
读小学的时候，我的外祖母去世了。↘（沉重）

（3）**平调** 语调平缓，无明显变化，表示严肃、庄重、冷淡等感情，多用于叙述和说明。

河北省赵县的洨河上，有一座世界闻名的石拱桥，叫安济桥，也叫赵州桥。→（叙述，说明）

你爱怎么干，就怎么干吧。→（冷淡）

这个问题，我再想想。→（思索，迟疑）

语调练习：《囚歌》

为人进出的门紧锁着，（→平调）（冷眼相看）

为狗爬出的洞敞开着，（→平调）

一个声音高叫着——（↗曲调）（嘲讽）

爬出来吧，给你自由！（↘曲调）（诱惑）

我渴望自由，（→）（庄严）

但我深深地知道——（→平调）

人的身躯怎能从狗洞子里爬出！（↑升调）（蔑视、愤慨、反击）

我希望有一天，（→平调）

地下的烈火，（稍向上扬）（语意未完）

将我连这活棺材一齐烧掉，（↓降调）（毫不犹豫）

我应该在烈火与热血中得到永生！（↓降调）（沉着、坚毅、充满自信）

语气

语气是演讲者表达情绪的有力武器，也是最难掌握的。比如，你可以用不同的语气来表达以下的两句话吗？

你回来。（轻蔑、询问、乞求、撒娇、悲伤、惊喜、懒散、威胁……）

妈妈。（正常、惊喜、撒娇、委屈、犯了错误怕妈妈、意外地发现妈妈、跟妈妈说悄悄话、乞求妈妈……）

括号里的词都是一些常见的场景，我们在演讲中采用不同的语气，听众感受到的情绪也是不一样的。我们可以采用以下四种常见的语气。

（1）**轻快型** 校园内欢声笑语，雄壮嘹亮的歌声骤然间响彻在校园上空，你猜怎么了？今天是六一国际儿童节。各班同学排着整齐的队伍，穿着洁白干净的校服，戴着鲜艳的红领巾，迈着有力的步伐进入操场。操场上欢声笑语此起彼伏，同学们正在热烈议论着将要演出的节目。

（2）**低沉型** 近来不知道什么缘故这颗心痛得更厉害了。我要向我的母亲说："妈妈，请你把我这颗心收回去吧，我不要它了。记得你当初把这颗心交给我的时候,你对我说过:'你的爸爸一辈子拿了它待人,爱人,他和平安宁地过了一生。他临死把这颗心交给我,要我将来在你长成的时候交给你,他说:承受这颗心的人将永远正直,幸福,而且和平安宁地度过他的一生。现在你长成了,那么你就承受了这颗心,带着我的祝福,到广大的世界中去吧。'"[一]

(3)**高亢型** 白杨不是平凡的树。它在西北极普遍,不被人重视,就跟北方的农民相似;它有极强的生命力,磨折不了,压迫不倒,也跟北方的农民相似。我赞美白杨树,就因为它不但象征了北方的农民,尤其象征了今天我们民族解放斗争中所不可缺的朴质、坚强、力求上进的精神。让那些看不起民众、贱视民众、顽固的倒退的人们去赞美那贵族化的楠木,去鄙视这极常见、极易生长的白杨吧,我要高声赞美白杨树![二]

(4)**舒缓型** 我喜欢这绚丽灿烂的秋色,因为它表示着成熟、昌盛和繁荣,也意味着愉快、欢乐和富强。啊,多么使人心醉的绚丽灿烂的秋色,多么令人兴奋的欣欣向荣的景象啊!在这里,我们根本看不到欧阳修所描写的那种"其色惨淡,烟霏云敛……其意萧条,山川寂寥"的凄凉景色,更看不到那种

[一] 选自《我的心》,巴金。

[二] 选自《白杨礼赞》,茅盾。

"渥然丹者为槁木,黟然黑者为星星"的悲秋情绪。○

问题三　语速偏快

正常人演讲的语速是每分钟120字到180字。有些演讲者在演讲的时候语速偏快,再加上声音小,根本让人听不清楚他说了什么。这就好比开车一样,一脚油门开快了容易,反倒是慢慢开不容易。语速的快慢也会影响听众,使听众产生不同的情绪。

快速

如果你想烘托演讲的气氛,抓住所有人的注意力,可以快速地去表达。比如,我们在超市里都会听到喇叭里会放一些促销的信息,那个语速通常很快,因为它可以感染听众,让人随着节奏加快而兴奋。比如下面这个鞋城的例子:

亲爱的顾客朋友,欢迎光临大可以鞋城!繁花似锦五月天,欢乐假期乐无限,大可以鞋城五一欢乐购,花98买158,缤纷五月,与您共享欢乐假期。欢乐假期一重礼:5月1日、2日、3日,VIP会员持卡来店,可免费领"××"袜一双。欢乐二重礼:欢乐幸运球,大奖抓回家。活动期间,在大可以鞋城购物单张小

○ 选自《秋色赋》,峻青。

票满 99 元即可参加欢乐幸运球活动，五档实用炫彩好礼抓回家。欢乐三重礼：老信誉卡换购大行动，立减 20 元。

当演讲中需要激励听众时，我们可以把语速加快，听众的情绪也会被影响。另外，如果我们在网上做分享，语速也应该比正常的演讲速度快一些。

中速

当语速慢下来的时候，带给听众的感觉又会不一样。我们坐飞机的时候，总会听到机舱里播放一段欢迎词。那个广播的语速就不是很快，而是用一种很适中的速度，这种语速带给听众一种很放松的感觉。

女士们，先生们：

欢迎你乘坐××航空公司由北京前往广州的航班。飞行距离是 1967 公里，预计空中飞行时间是 2 小时 30 分。飞行高度为 12000 米，飞行速度平均每小时 750 公里。

为了保障飞机导航及通信系统的正常工作，在飞机起飞和下降过程中请不要使用手提式电脑，在整个航程中请不要使用手机、遥控玩具、电子游戏机和电子音频接收机等电子设备。

飞机很快就要起飞了，现在有客舱乘务员进行安全检查。请您坐好，系好安全带，收起座椅靠背和小桌板。请您确认您的手提物品是否妥善安放在头顶上方的行李架内或座椅下方。本次航班全程禁烟,在飞行途中请不要吸烟。

本次航班的乘务长协同机上乘务员竭诚为您服务。

中速的演讲适合比较正式的场合,可以营造一种稳重、自信的氛围。

慢速

演讲能讲快的人有很多,但是讲慢的人很少。但当语速慢下来的时候,你会更加沉稳有力。如果你看一些名人的演讲,就会发现当他们强调一些要点的时候,语速会放慢。**演讲中气场的强大,有时候不来自快,而来自慢。**当你演讲速度一直很快的时候,仿佛是拿着一个皮鞭在赶着听众走,但是赶着赶着,听众也就对你的语速适应了,最后就麻木了。你可以听一段快节奏的音乐,然后再放一段慢速的音乐,体会一下不同的语速带来的不同感受。

当速度放慢的时候,情绪的表达也会更加细腻。比如,下面这段恋人表白就可以用慢的语速,让对方可以听清楚每一个字,感受到说话者的内心。

小时候看着满天的星斗,当流星飞过的时候却总是来不及许愿。终于有一天,流星再次划过时,我许下了一个心愿。为此,我整整等了 28 年。

自从你出现之后，我才知道原来有人爱是那么的美好。曾经迷惘的心中，是你牵引着我走出寂寞。

还记得我们第一次牵手，第一次雨中散步，第一次拥抱，第一次约定……

太多的第一次，让我们留下太多美好的回忆。

遇见你是一种幸运，陪伴你是一份幸福。

我不要短暂的温存，要的是你一世的陪伴。

不管来生也好，来世也好，我要的只有你。

当语速降下来的时候，听众的内心也会放慢速度，听你娓娓道来。当我们想强调某件事情的时候，可以慢下来。

语速是演讲非常重要的一个技巧。有的人演讲从头到尾都是一个语速，其实并没有反映出演讲内容的跌宕起伏。而好的演讲，会通过不同的语速，带给听众过山车一样不同的情绪体验。

问题四　赘词过多

我们在演讲中有时候会不自觉地说一些赘词，但自己却意识不到。

比如，在一次采访中，记者问如何看待一线城市的房价，接受采访的人是这样说的：

> 房价我想提啊……刚才我那个……后来那个……我想啊，引申一下……这个房价……我想……在……这……这……我想，就是……也不是想绕开什么……我想侧重讲这么一个……就是说现在这个房价……现在我们一线城市的这个……谈到这个……房价我觉得，有一个很重要的一部分，叫作空房率，就是空房率嘛……这个怎么说呢……我考虑到……观察了很久这个房价，房价呢……怎么说呢……他还……房价……我认为啊……

由于说了很多赘词，被采访人的回答显得支离破碎。这是因为我们在演讲的时候会边说边想，一旦卡壳，为了避免尴尬，我们会用赘词来填补。这是一个不好的习惯，它让我们的演讲显得非常冗长，并且把句子的意思一个个拆散了，让听众听起来非常费劲。

在我的演讲俱乐部有一个角色叫哼哈官，他的工作是专门检查演讲者是否说了赘词，如嗯、啊、这个、那个。每次演讲一结束，哼哈官就上场，报告每个人都说了哪些赘词。有的人在演讲里可以说 20 个以上赘词。

而减少赘词有一个窍门，就是每当我们忘词或者思考下一句话如何说的时候不要害怕演讲中的空白时间,我们可以深吸一口气,用吸气来填充这个停顿,这样就会大大减少赘词的使用次数。

吸气不仅能够帮助演讲者思考内容,而且也能用片刻的停顿引发听众的好奇心,是个一举两得的方法。

总结一下,如果想声音好听,需要关注音质、语调和语速。声音是可以感染听众并引发听众情绪变化的,所以也属于右脑的演讲方式。

(注:如想收听本章朗读示范,可添加作者微信号:davidspeech。)

> **总结**
>
> 身体语言可以提升演讲的气场。
>
> 站姿:站姿挺拔可展现自信;要面向听众,避免身体朝向PPT。
>
> 表情:微笑的表情容易建立亲和的气场。
>
> 眼神:坚定的眼神散发自信的气场,与听众保持2秒的眼神交流。
>
> 手势:手势对提升气场很关键,分为单手手势和双手手势。
>
> 移动:移动呈现专业的气场,演讲者可以随着观点的切换移动。

声音好听的秘诀：音质、语调、语速、无赘词。

声音乏力的解决方法：吐气要均匀，丹田发力。

语调偏平的解决方法：找准重音。

语速偏快的解决方法：多体会快速、中速和慢速对情绪的影响。

赘词过多的解决办法：用吸气替代赘词。

Review | 读者感想

梁修涵 / 联合国　英语翻译

一直以为气场是演讲者生而有之的东西，很难改变。读完这一章才意识到气场是由多个因素组成的整体，可以通过努力来提升。

我自己每次到一两百人的舞台上就觉得自己音量太小，喊得声嘶力竭，很惊喜读到练习提高音量的方法，可以对症下药。

第八章
演讲恐惧，你也可以克服

第一节　为什么你总是害怕当众讲话

著名演员陈坤受邀参加央视的节目《开讲啦》，他的演讲题目是《人生路，莫慌张》，这是陈坤人生中的第一场电视演讲。录制前，陈坤一直跟编导说："我很紧张，真的很紧张。"编导认为他可能是谦虚，结果陈坤上场后真将演讲主题说成了"人生路，莫紧张"。他后来在演讲中和听众是这样描述他的演讲恐惧的。

同学们好，上台之前我非常紧张，特别紧张，我一直跟周边的朋友说："你别跟我说话，我紧张。"他们没有一个人相信，因为他们觉得我演了很多戏，所以遇到每个场合都应该是很淡然的，而实际上我真的紧张。

陈坤拍过很多戏，是一个非常有经验的演员。但当他面对演讲的时候，依然会紧张。演技并不能帮助他演讲，因为演讲是一项需要刻意练习的技能。美国的一项民众调查的内容是：

你最害怕的事情是什么？结果排名第二的是死亡，而排名第一的居然是演讲。我有一次给企业培训演讲，那天来了八十人，其中有一个练习的环节是让每个人上台演讲。他们上台的时候，我会礼貌性地握手，结果握手的时候发现十个人里有八个人的手都是凉的。这说明演讲恐惧可能会给你带来图 8-1 中的问题。

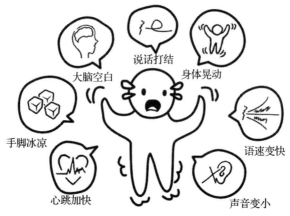

图 8-1　演讲恐惧的七种症状

你为什么恐惧演讲呢？我总结了三点原因。

恐惧是人类的本能

想象一下你正走在一片森林里，忽然，前面有一只熊向你跑来。你的心跳开始加速，快到你不能承受，你的大脑只出现两个字"逃跑",你开始玩命地奔跑。这就是我们大脑自古以来拥有的自我防卫机制。当面对危险的时候,它一般会有两个选择:战斗或者逃跑。当演讲的时候,我们处在所有听众的关注下,我们的大脑也会把这个场景视为一种危险,而让我们的心跳加速,变得紧张。这是正常的生理反应,每个人都会有。恐惧是无法消除的,但是我们可以通过不同的方法去降低恐惧的程度。

过分关注结果

为什么有的人会对演讲非常恐惧,而有的人就没那么恐惧呢?当我刚开始演讲的时候,上台前脑子里总在想:"这个演讲要是做不好怎么办?""底下的听众要是不喜欢怎么办?"大脑充斥了很多的自我怀疑和担心,结果就是这些想法让自己越来越恐惧。这种过度担心的想法在心理学上叫瓦伦达效应。

瓦伦达是美国一个著名的高空走钢索的表演者,他在一次重大的表演中不幸失足身亡。他的妻子事后说:"我知道这一次一定要出事,因为他上场前总是不停地说这次太重要了,不能失败,而以前每次成功的表演,他总想着走钢丝这件事本身,而不去管这件事可能带来的一切。"心理学家把这种为了达到一种目的,总是患得患失的心态命名为"瓦伦达心态"。

如果我们在从事某项活动时脑子里一直想着成功后的喜悦或失败后的痛苦，那么，这一活动就很难顺利完成。就像我们考试时越想考好越考不好，这是很多人经历过的事实。所以，你越担心演讲的结果，你的表现往往越会按照坏的方向发展。

过分关注自我

演讲前，我们也会产生不同的想法让我们恐惧。我总结了两个常见的想法：一是如果我上台讲得不好怎么办？二是如果听众不喜欢我的演讲怎么办？

如何对待这两种想法呢？这两种想法都有一个"我"字。没错，是因为关注点在"我"。我发现即使你演讲做得再精彩，台下的听众中也会有一两个人不喜欢你的演讲。这一度让我很苦恼。后来我转行做培训的时候，每一次都要当众讲话，结束时需要让学员写对课程的反馈，但我发现，每次都会有一两个学员没有给出五分好评，可能是四分，可能是三分。后来同事安慰我说："这很正常，我也有同样的经历。每个听众的喜好都是不一样的。"演讲其实也是一样，没有完美的演讲，听众是各种各样的，每个听众的喜好也是不一样的。对完美的渴求来自我们的内心。

我读到了一位日本作家写的《被讨厌的勇气》，书里提到了这样一段话：

因为过于希望得到别人的认可，就会按照别人的期待去生活，就会舍弃真正的自我，活在别人的人生中。不要为了满足别人的期待而活着。如果我们选择一种自由的生活方式，就要有被别人讨厌的勇气。我们经常会为了不被别人讨厌，看别人眼色，活得既不自在又拧巴。但实际上我们不可能讨好所有人，不管怎么努力，都会有讨厌你的人。

这本书让我意识到，每个人都想在演讲台上呈现一个完美的自己，但却害怕在台上被别人不喜欢，害怕自己的缺点会被别人看到。正是这些潜在的害怕和担心让我们束手束脚。与其说接受演讲的不完美，倒不如说接受我们的不完美。只有完全接受自己的全部，敢于展示真实的自己，才能在舞台上淡定从容。

当我想明白了这一点，我在台上的想法变了。每次上台前我的脑子不再聚焦在"如果听众不喜欢"的想法上，而新的想法"就算出错也是正常的""即使听众笑话我也没关系，我接受"出现。正是这些全新的视角，让我开始在台上变得更加放松，恐惧也越来越少。即使上台前我还会有一点点紧张，但是再也没有那么恐惧演讲了。**当我没那么在意"我"的时候，我开始在台上展现真正的"我"。**

> **"左脑人"注意**
>
> 你的恐惧来自对自己的批评过多,多去发现你的优势。你的优势是演讲逻辑清晰,有理有据,观点明确。
>
> **"右脑人"注意**
>
> 你的恐惧来自对舞台上的"自己"的过多在意,多去接受一个真实的自己。你的优势是演讲情绪饱满,能够带动现场气氛。

第二节 两个方法让你告别演讲恐惧

提前准备,克服恐惧

我观察过,很多人在演讲过程中发挥不好不是因为紧张,而是因为没有准备好。比如,下周一你就要上台演讲了,你在这周日才动笔写稿子,这可不叫准备好。俗话说得好,台上一分钟,台下十年功。凡是和舞台沾边的艺术,你只看到了辉煌的那一刹那,却忽视了演讲者私下准备的日日夜夜。TED排名前十的演讲嘉宾泰勒博士,在登上TED演讲的舞台前,一个人练习了数十个小时后,又在听众面前演练了十几次。名人尚且如此,更何况我们呢。成功的演讲没有捷径,所有人都一样,一定要提前演练。

有的人会问:"如何演练呢?"如果你的时间充足,尽量写逐字稿,这样的好处是可以让你记住上台演讲的每一句话。稿子写好后,尽量在家脱稿演讲。你可以用录音笔给自己录音,或者拿手机录像。当你回放的时候,你就会发现很多问题,比如语言过于书面化、不够通顺、有些冗长。你需要反复修改你的稿子。稿子越打磨越精练,最好可以打磨五遍到十遍。**好的演讲不是说出来的,是打磨出来的。**如果你实在没有时间写逐字稿的话,也要写出演讲大纲,让自己提前清楚演讲的所有要点。我建议你可以用思维导图去准备演讲稿,它是一个视觉化的大纲设计工具,有助于你整理演讲的要点。

我第一次在演讲俱乐部做演讲的时候,可谓做足了准备,把自己关在家里,对着镜子足足练习了十遍脱稿演讲。结果第二天上台的时候,虽然还是紧张,但是起码没有忘词,还是非常流畅地讲完了所有内容。克服紧张的第一步一定是私下先练习好,如果你私下演讲都不流利,你又怎么能够在台上面对听众发挥好呢?

在演讲俱乐部,我发现了一个有趣的现象,凡是演讲非常自信流畅的小伙伴,都是私下练习了十遍左右的。演讲不只是舞台上的发挥,更离不开私下对稿子的打磨和练习。**如果你想**

演讲不紧张,那么"台上讲一次,台下练十遍"。

演讲时转移注意力

我们之前提到过,恐惧是无法消除的,并且你越关注恐惧,它就越会被无限放大。所以,我们可以做的就是将注意力转移到别的地方——分别是讲、演、练(见图 8-2)。

图 8-2　转移注意力的三种方法

专注讲

很多小伙伴在刚上台的时候非常紧张,一般过了五六分钟后才逐渐放松。万事开头难,我们最需要担心的不是恐惧,而是在一开始如何做好演讲开场。有的小伙伴上台后的第一句话就是："我很紧张。""我没有准备好。"不说这句话还好，一说这句话更紧张了。

恐惧永远会产生，你要做的就是把注意力从恐惧上转移。你可以好好设计你的演讲开场。好的开始是成功的一半。你可以提个问题、讲个故事或展示一幅图片，用不同的开场方式调节紧张的气氛，同时帮你转移对恐惧的注意力。当你的演讲开场顺利时，你的自信心也会增加，接下来你只要专注在讲话上，恐惧便会慢慢消失。

专注演

在 TED 热门演讲《肢体语言塑造你自己》中，社会心理学家艾米·卡迪（Amy Cuddy）揭露了身体姿势是如何影响我们的心理的。在这个演讲中，她讲述了一个实验，分别让同一批人去赌博，但是在赌博前，让这批人分别摆两种身体姿势，一种是非常自信的，如手叉腰、脚放在桌子上，而另一种是比较胆怯的，如身体蜷缩。实验的结果是，第一种自信的身体姿势会让这批人在赌博中更加自信，敢于下注，而第二种胆怯的身体姿势却让他们在第二次赌博时自信心降低，下注的金额也降低了很多。

经过了多次的实验证明，艾米发现：肢体语言决定了你是谁。对于那些不自信的人，她提到了一个方法：如果你想变得自信，你就要先装自信，最后你就可以真的变自信。她的建议是，如果你可以尝试做一个自信的身体动作，比如把双臂展开且保持两分钟，可以让你在接下来的活动中更加自信。

这个演讲让我想起每当我演讲前紧张的时候，我会离开座位，去外面走一走，然后回来站着等待上台演讲。按照艾米的建议，这就是在让我的身体达到一个最舒服、自信的状态迎接演讲。

但是，哪些身体姿势会让我们更加紧张呢？上台后把手插在兜里，背在背后，或者把身体藏在讲台后面。这些闭合式身体姿势都会降低我们的自信，让我们对舞台更恐惧。

每当我上台演讲觉得紧张的时候，我就会在演讲中用不同的手势来配合演讲。不同的手势会分散我对紧张的关注，减缓恐惧感。另外还有一个小窍门就是，如果你在台上紧张，可以多看看台下和你熟悉的听众，或者认真听你演讲的听众，他们的支持也可以缓解你的紧张。

专注练

演讲是一门实战性非常高的艺术，需要演讲者经常练习。

即使你是演讲高手,如果你很长时间没有练习,那么你也会对演讲的舞台产生恐惧。

来自北京,生活在美国的蒋甲遇到过类似的问题。他非常害怕被人拒绝,为了提高他的自信和抗挫能力,他决定参加一个 100 天被拒绝的实验。他要在这 100 天里和 100 个陌生人去交流,尝试提出各种各样的要求。在这 100 天里,他尝试了一系列之前想都不敢想的事情,比如向陌生人借 100 美元、到大学上课当教授、在麦当劳要求续汉堡包等。从一开始的借钱被拒绝,到后来成功被陌生人邀请去公司演讲,在他的勇敢尝试下,这些要求一个个变成现实。现在的他,已经有了一个自己的公司。并且因为这段经历,他被 TED 邀请上台做演讲,并且出了一本自传。蒋甲向我们展示了如何通过持之以恒的练习,从一个害怕被别人拒绝的人成为一个拥抱拒绝的人。

蒋甲的经历可以给广大害怕演讲的朋友们一个启示:你越害怕什么,越要去接触什么。像奥巴马、乔布斯这样的演讲高手,他们并不是天生外向的人,甚至可能是内向的人。但是,他们长时间地在演讲方面训练自己,最终成为自信的演讲家。

行为心理学里有个 21 天效应,讲的是只需要 21 天,人们就可以把一个习惯养成。习惯的养成会经历如下四个阶段:

第一阶段：72 小时

尽量在 72 小时内找机会练习演讲。如果超过 72 小时不行动，那么再去行动的可能性就大大降低了。

第二阶段：1~7 天

开始行动后的 7 天内是痛苦期。演讲时你会感到恐惧，表达刻意、不自然。此时，你的信心备受打击。

第三阶段：7~21 天

你在熬过第二阶段后，将通过大量重复的正确练习，慢慢养成一个面对公众讲话的新习惯。你的这些练习会在大脑内重新建立一个新的舒适区，使你对演讲没有那么恐惧了。

第四阶段：21~90 天

你已经开始习惯面对听众。你的演讲变得不刻意、自然很多。

我在演讲俱乐部十年的观察，验证了这个 21 天效应：无论一开始小伙伴多么恐惧上台，加入俱乐部半年后，他们通过每周一次的上台演讲，会有一个非常大的变化。他们会从上台紧张，变得在台上收放自如。这是因为他们通过 21 天的练习建立了一个新的演讲习惯。

你可能一开始并不习惯站在众人面前讲话，但是当你坚持练习的时候，你会慢慢走出你的舒适区，建立新的习惯。所以，想永远告别演讲恐惧，最好的方法就是经常上台练习。

总结

克服演讲恐惧的方法：减少对结果和自我的过分关注。

克服恐惧方法一：充分准备，演讲演练五遍到十遍。

克服恐惧方法二：学会转移注意力。

专注讲：做好演讲的开场。

专注演：多用自信的身体语言。

专注练：多上台练习，应用 21 天效应。

Review 读者感想

杨月航／戴尔中国　大客户服务技术经理

曾经有人说过，演讲是一种类似死亡的体验，原因就是我们内心对演讲的恐惧。对演讲的恐惧很多时候已经成了我们工作和生活的绊脚石，很多场合我们可能会刻意躲避演讲的机会，从而错过锻炼自己、提升自己和展示自己的机会，给自己的人生留下了很多遗憾。

本章对我本人启发很多。我平时给客户开会很多，这也是一种形式的演讲。由于更多地专注于我的本职工作而且驾轻就熟，其实我并不感觉紧张，但是如果让我上台做正式的演讲，紧张的感觉就会非常明显。更充分的准备、更积极的心态、更多训练是克服演讲恐惧的方法，希望每个人都可以感受到演讲除恐惧之外的那些美妙的感觉。

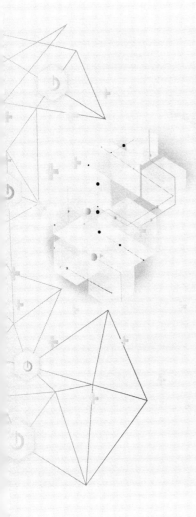

全脑演讲
左脑逻辑，
右脑情商

第三篇
全脑演讲实战

第九章
自我介绍，你可以与众不同

第一节　为什么她可以考上哈佛大学

2017年10月，我收到了一个陌生人的微信，希望我可以辅导一下她的MBA面试。我们在一家小咖啡厅见面了。她叫小m，是一家外资企业的项目经理。她虽然参加工作多年，但是一直都有一个名校梦。2016年，她申请了哈佛大学的MBA，已经顺利通过了笔试，进入最后的面试环节。但让她忐忑不安的是，她的面试会在美国哈佛大学校园内举行，并且她将是当天最后一个面试者。对她而言，最后一个面试并不是一个最好的顺序，因为面试官已经面试很多候选者了，并且这些候选者也是来自不同国家的精英。这对她是一次挑战。为了实现她的人生梦想，她决定请一个老师辅导她的面试。

辅导国外名校的MBA面试对我也是一个挑战。如何帮助小m打动面试官，从众多的国际竞争对手中脱颖而出呢？那天，我先花了一些时间去了解小m的背景。我发现，她在澳大利亚企业做过项目经理，带过团队，这段外企的工作经历可能会和 MBA 的学习相关，同时外资企业的经历也会让面试官产生共鸣。于是，我们决定把这点作为面试介绍的亮点。那天下午，我们花了很长时间去模拟练习自我介绍。小 m 的领悟力很强，我能看出来她在反复练习中变得越来越自信。一个月后，她飞往美国参加了面试。两个月后，我收到了她的微信，她被录取了。现在，她已经是一名哈佛大学的 MBA 学生了。

后来她对我说，那次面试辅导给了她很多力量，让她敢于面对那场艰难的面试。而我也有些感悟，一个人可能很优秀，但是如果不擅长宣传自己，即使好机会降临，也将与你失之交臂。在这个竞争激烈的社会，无论是在职场，还是在私下聚会，学会自我介绍，就是一个展现优势，让你脱颖而出的好方法。

第二节　求职面试，全脑介绍让你脱颖而出

职场节目《非你莫属》有一次来了一个求职者，主持人问了她一个问题："你能不能介绍一下你有哪些社会实践活动？"她是这样回答的：

我有两个朋友，他们手里有些生源，这件事情进展比较顺利，

包括校区的选择、物品的购置，以及一些价格的制定，这些都是我们共同完成的。然后这个过程中我主要从事的是：第一方面，技术方面，物品，我们那边的海报、宣传册都是我做的；第二方面是财务方面，每个月的总结，然后根据这个月的财务状况，进行一些调整，这些事情也是我做的；那个，还有第三方面……

还没等这个求职者回答完，嘉宾席上某教育集团董事长打断了她，说："你这说的都是流水账啊！能不能讲你干这些事的亮点是什么？"

求职者虽然介绍了很多细节，但只是罗列了她做的一系列事情，没有突出重点，在短时间里没能表达出她的个人优势。

面试的时间非常短，需要我们在短时间内告诉面试官为什么我适合这份工作。但是，很多求职者见到面试官却特别喜欢大段背诵简历。最后求职者花了十分钟，终于介绍完自己，而面试官什么重点也没有听到。面试官让你介绍是希望你能证明"为什么我要雇佣你"。你需要言简意赅，突出自己的优势，去说服面试官。所以，**我们在面试介绍中，既要有概括力，又要有论证力。这样才能言简意赅，有理有据。**

如何介绍自己呢？你可以把自己当作一个品牌来介绍。

天图投资总经理冯卫东曾经在品牌战略中提到过，品牌在宣传的时候要问三个问题：

我是谁?

有何不同?

何以见得?

我是谁

第一点是你的品牌定位。比如,一说格力,所有人想到的都是空调。格力的定位很准确。由于"格力"和"空调"在顾客心智中的强关联性,导致顾客对"空调"产生需求时,脑海中第一个冒出来的品牌就是格力。求职也是这样,每个人都是一个品牌。你把每份工作都像记流水账一样介绍一遍,会让面试官无法对你定位。

有何不同

第二点是品牌特点。这里的不同,不是企业认为的与众不同,而必须是顾客认可的、有意义的不同,也就是顾客选择你的品牌而不是别的品牌的理由。面试中有很多人来竞争,为什么你的雇主要选择你而不是别人?你的核心优势是什么?

何以见得

最后是有效佐证。顾客对产品宣传的信息天生持怀疑态度。品牌方需要去证明。在面试中,你的优势如何被证明?

这三个问题既是品牌宣传需要解决的问题,也是我们在求职面试时需要解决的问题。我们需要在短短的三分钟内回答清楚这三个问题(见图 9-1)。

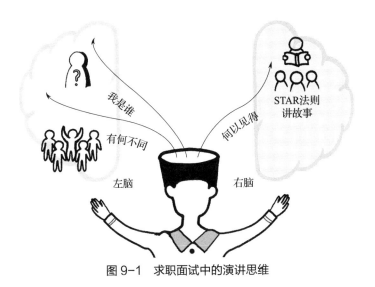

图 9-1 求职面试中的演讲思维

我们来分点详细介绍每一步采用的话术。

"右脑人"注意

面试官通常会比较注意细节,所以"右脑人"在表达时要尽量具体和突出重点。

回答"我是谁"

在面试刚开始的时候,面试官都会让你简单介绍一下自己。这时候,我们要言简意赅,通过左脑的概括力和论证力,高度概括一下自己之前的学历和工作经历,避免内容冗长和流水账似的介绍。同时,我们还要有一些打动人心的例子。

举个例子,在职场剧《猎场》中,主人公拿下了一场场精彩的面试,完美表现堪称面试教科书。

我叫覃飞,2002年我考入广西大学,在校期间,我做过东南亚之夜、青春红丝带等公益活动的志愿者,还参与了全区双高基础教学的评估软件开发。

主人公言简意赅,既介绍了自己的背景,又突出了自己的社会实践经历。

第一步"我是谁"的介绍要简洁有力,同时突出自己的一个标签。最好的方法就是举例。面试官会抓取你例子中的关键字,一听就大概明白你是个什么样的人。

比如,求职者Steven应聘一份销售的岗位。在面试刚开始的时候,面试官让他进行自我介绍。他是这样介绍自己的:

您好，我毕业于北京工业大学，主修电子信息与控制工程专业，理工科背景。我有过两段工作经历，在戴尔公司做过 2 年外企大客户售后服务，在惠普做过 4 年外企大客户销售。

我在惠普做外企大客户销售期间：

1. 负责重点外企大客户日常的维护和销售机会开发和跟进。

2. 担任惠普文印设备全线产品销售，分别在 2012 年、2015 年和 2018 年获得公司最佳销售奖。

3. 在业绩方面，我曾经赢得汇丰银行、上海通用汽车、微软中国等外企客户 3 年外包文印解决方案等重点项目。

Steven 一共有两段工作经历，分别是戴尔的售后服务和惠普的销售。由于 Steven 应聘的工作是销售，所以他并没有过多地介绍戴尔售后服务的经历，以免让表达不够聚焦。他用翔实的举例既介绍了销售的工作内容，又彰显了销售的业绩和所获奖项。这些例子都突出了他的一个标签，那就是资深销售。面试官在听完这段初步介绍后，对 Steven 的销售经验了然于心。

面试介绍的第一步，我们要用举例的方式去介绍自己，避免只是泛泛地介绍简历。当做完初步介绍，接下来我们就要具体展示自己在工作中的特长了。

回答"有何不同"

有的面试官喜欢让求职者说说自己的优势。你可能纳闷，明明简历上介绍了，为什么面试官还会再问一遍呢？理由很简单，简历中虽然列出了多条优势，但面试官想知道哪个才是让你可以胜任这份工作的最大优势。而且简历上文字有限，面试官难免想要了解更多的细节，用事实求证一下。

所以这一步，求职者仍需要通过左脑的论证力继续举例，介绍自己"有何不同"。这个岗位需要什么优势，你就重点说什么优势，最好还能举几个成功的小例子。简短而又有重点，会让面试官对你刮目相看。

比如，Steven面试的职位是销售，而他的背景又是技术型销售，那么他就可以举一个技术型销售的例子来展示他的核心优势。比如，他可以这样介绍：

我可以从技术角度提供专业的服务，更好地帮助客户选择适合他的产品。

例如，在惠普的时候，如果客户询问一款打印设备，我会先了解客户打印的场景，比如：是商业办公还是生产环境；打印负荷的要求是什么；每分钟需要打印30页还是60页；之前的打印设备在使用过程中遇到过哪些问题。结合这些问题，我会为客户推荐一款更适合他的设备。客户通过我的专业推荐买到了适合的产品，下次当再次需要购买时，客户会第一个想到我。

Steven 通过一个翔实的销售的例子，展示了技术型销售如何帮助客户选产品的过程。这个例子展现了他的销售优势，那就是专业技术知识深厚，为客户所信赖。很多面试官非常关注细节，你在介绍优势的时候，尽量不要模棱两可，举例越翔实，说服面试官的机会就会越高。

接下来，面试官可能会根据你的回答，详细问你一些细节。

回答"何以见得"

有的面试官还喜欢让求职者介绍一下最近一次的成功案例。这时候就是面试官考核你真正实力的时候了。

不要担心你没有突出的案例会减分。你只要切实举出实例，并将其中的重点说明，突出你在其中发挥的作用和优势，让面试官对你的能力有一个认识就好。当然，举的案例越大越好，那代表你有能力操作大项目。

但是切忌假大空。面试官都是很精明的人，你举了不属于你的案例或者夸大案例，他们会找出漏洞再次向你提问，并于面试后核实。到时候尴尬的就是求职者自己。

这里面推荐一个工具,也是面试官很爱用的一个面试工具,就是STAR法则。通过这个工具,面试官会从四个方面考察求职者的能力,测试面试者在一个具体情境下解决问题的能力,从而快速了解求职者的能力。STAR法则的四步分别是:

- 背景(Situation):该项目是在什么情况下发生的?
- 任务(Task):你当时的任务是什么?
- 行动(Action):你做了什么?为什么这么做?
- 结果(Result):结果怎样?你从行动中学到了什么?

由于这个STAR法则有问题、有转折、有改变,很符合之前我们介绍的讲故事四步法,因此我们可以用STAR法则讲一个故事。

STAR法则讲故事

还是拿我们之前申请销售岗位的Steven举例。假如面试官让他介绍一下最近的一次成功案例,他可以这样介绍:

背景:

有一个客户邀请我们公司参与一个关于销售员证件打印的项

目的竞标。同时，该客户说他们很快要跟另一个公司签约了，请我们进来只是形式上的参与投标。这时候离招标截止日期还有一周。

任务：

我需要在最短的时间内说服客户，从竞争对手处抢得即将签订的订单。

行动：

我通过前期的沟通，了解到客户的一个痛点：客户公司在打印销售员证件时，由于使用的是A4打印设备，需要对销售员证件进行后续裁剪，这无形中既增加了工作量，又增加了员工裁剪纸张时可能带来的工伤风险。我利用自己的技术优势，为客户推荐了A5打印设备，可以将销售员证件一次打印成型，既帮助客户减少了裁剪的工作量，又避免了操作可能存在的工伤危险。

结果：

客户非常满意我的推荐。在仅仅一周的时间里，我完成了制订投标方案的所有流程。最终，我们赢得了客户全国15个仓储中心价值200万元的文印解决方案的项目。

Steven通过这个故事，既展现了自己面临过的挑战，又展示了技术销售的解决方案,把自己的能力和优势形象地展现在了面试官面前,让面试官对他的技术销售优势有了更直观的感受。所以,如果你被面试官问到一个成功的案例,你可以用STAR法则给他讲一个故事。

在面试中,我们需要尽量减少对简历的依赖,这有助于展现我们的表达能力。考虑到面试场合的正式和面试官的严谨,我建议自我介绍要多用左脑的概括力和论证力。

第三节 聚会介绍,创意介绍让你闪亮登场

除了面试的时候需要自我介绍,还有一个场合也需要自我介绍,那就是社交聚会。现在已经不流行使用纸质名片了,流行的是"口头的名片",就是自我介绍。记得有一次在活动上碰见一个朋友,她对我说:"我对你有印象,你上次在××聚会上说你专注演讲。"说者无意,听者有心,人们记住的就是你的一个特点,比如你的职业或者你的爱好。如果你介绍得精彩,没准你就因此认识了伯乐,从此改变了人生的轨迹。

但是如何做好自我介绍的呢?不知道你有没有听过这样的介绍:"我叫张娜,张是弓长张,娜是左边一个女字旁,右边

一个那里的那。"这样的介绍比较雷同。**因为聚会是一个比较轻松的场合,我们可以启动右脑的联想力,用不同的方式来介绍自己的名字和特点,让它更有趣。**

我们其实可以借鉴刚才职场介绍的那三个步骤,那就是"我是谁""有何不同""何以见得"(见图9-2)。

图 9-2 聚会的演讲思维

 "左脑人"注意

聚会介绍相对比较轻松,"左脑人"要善于用形象生动的方式来包装自己。

我是谁

方法一：名字的意义

我们可以将名字联想到一些诗词名句，赋予它一个不同的意义。

我有一个朋友叫晓娟，她是这样介绍自己的："大家好，春眠不觉晓，千里共婵娟。我的名字叫晓娟。"

我还有一个朋友叫张鹏，他喜欢用成语介绍自己："大家好，我是张鹏。张弛有度、鹏程万里。"

方法二：名字的故事

故事让别人好记，我们可以和别人分享一个自己名字背后的故事，比如一个朋友是这样介绍自己的："大家好，我叫杨小小，为什么叫杨小小呢？因为我的爷爷叫杨大，我的爸爸叫杨小，所以我叫杨小小。"

方法三：和名人的关系

如果你的名字很普通，没关系，你可以看看有没有哪个字和名人可以挂钩。比如，我有一个朋友叫刘志锋。他就可以这样介绍自己："大家好，我叫刘志锋，刘德华的刘，林志颖的志，谢霆锋的锋。"当你和明星的名字连接起来的时候，大家更好记住你。

方法四：有趣的谐音

我的笔名叫大卫祁，有一次我在外面做一个分享，为了让大家可以记住我，我是这样介绍自己的："大家好，我是大卫祁，如果记不住我没有关系，我有个亲戚，叫达·芬奇。如果还记不住，就想想这个，南有王老吉，北有大卫祁。"活动结束后，还有听众能够记住这个比喻。

有何不同，何以见得

介绍了名字后，接下来就是要告诉别人你的特点是什么。我推荐介绍你的一个爱好或一个特长。

比如，我周围有一个马拉松达人叫小蒋，他每次都会这样介绍自己：

我是谁：大家好，我叫小蒋。

有何不同：我喜欢跑步，一周大概跑 4 次，每次 1 小时左右。

何以见得：去年我参加了北京马拉松比赛和上海马拉松比赛，最快的成绩是 3 小时 29 分。我的梦想就是希望能够去参加国外著名的马拉松比赛。

通过这三步，小蒋很好地展现了马拉松达人的标签。

如果你不清楚自己有何不同，可以问问自己以下三个问题：

- 什么是你既喜欢又擅长做的事情？
- 过去的 5 年里，有没有一件事情让你很有成就感？
- 如果让你的好朋友来总结你的特点，你觉得他们会如何形容你？

自我介绍，无论是在求职面试时，还是在朋友聚会时，本质上都是一个打造个人品牌的场所，强调的是你与他人的差异性。在这个竞争激烈的时代，干得好，还要说得好。机会属于那些既有特长，又会打造个人品牌的人。

总结

面试时的自我介绍偏左脑演讲风格，聚会时的自我介绍偏右脑演讲风格。

自我介绍三步法：我是谁、有何不同、何以见得。

我是谁：我的背景（举例）。

有何不同：我的经历（举例）。

何以见得：我的成绩（STAR 法则讲故事）/我的特点。

> **读者感想** (Review)
>
> 封叶红 / 哈佛大学 MBA 在读
>
> 好的自我介绍要能够站在聆听者的角度，根据他们的特点和要求来设计。这其实也是一个换位思考的过程。比如，在我之前 30 分钟高强度的哈佛大学 MBA 面试中，我会用具体的例子来支撑我的观点，这样便于面试官更好地理解。找出自己的亮点，生动有效地表达出来，这样才能在短时间内给面试官留下深刻的印象。

第十章
销售产品,你让听众当场下单

第一节　为什么你的产品介绍无法吸引听众

　　前一段时间我准备给母亲买一部手机,由于母亲上年纪了,有点老花眼,我打算买一款大屏幕手机,方便老人阅读。我来到一个商场的手机柜台前,导购小姐非常热情地走过来,问"先生你好,是买手机吗?"我说:"是啊。"她马上滔滔不绝地介绍起来:"先生,这款手机您看看,800万像素、蓝牙功能、MP4……现在购买还有大礼包赠送。"我听了半天,没有一个功能对老人有用,于是我又来到另外一个柜台。

　　第二个导购员是一位小伙子,他并没有直接上来介绍手机,而是先问了我一个问题:"您买手机是自己用还是送人啊?"我说:"母亲用。""哦,您是买手机给老人家啊!我给您推荐这款。老人家视力不好,要买屏幕大点的,按键也大点的,打电话就够了。这款手机还带收音机功能,老人喜欢听广播,没事了当收音机也可以……"小伙子拿出一款手机,让我试用了一下,果然和他描述的效果是一样的。我立刻付钱就把手机买了。

第一个销售只是介绍产品的最新功能,但是却和我母亲的使用毫无关系。第二个销售先了解我的实际用途,然后不光介绍了一款大屏幕的手机,解决了我母亲看不清字的问题,还推荐了一个老人喜欢的功能,就是收音机,满足了我买手机的诉求,所以打动了我。

通过这个故事,我们可以看出,打动用户的不一定是酷炫的产品参数,而是产品帮助用户解决了什么问题,带来了什么好处。

比如,著名饮料品牌王老吉的定位就是"怕上火,喝王老吉"。它解决了人们担心上火的问题。而手机的软件"美图秀秀"帮助人们将自己拍的照片美美地晒在朋友圈里,满足了人们对美的追求。

谈论好处,可以让人感觉愉悦。人在心情愉悦的时候,更容易接受别人的意见。比如,我们在谈生意的时候会在饭桌上进行,双方在一个轻松舒服的环境中更能达成一致,这在心理学上叫作好心情效应。

而谈论问题则让人产生焦虑感。比如,为了劝阻烟民少吸烟,有些国家会在烟盒上印上腐烂的肺部、骷髅的头像、漆黑的牙齿等警示图标。这种图案可以唤起人们的反感,在某种程度上减少人们购买香烟的欲望。

如果我们想在产品销售中打动听众,可以启动右脑的共情力,用产品带给用户的好处和回避的问题影响听众的情绪。

著名产品人、湖畔创研中心产品模块学术主任梁宁,把好处形象地称为爽点,把问题叫作痛点。

在产品销售中,除了左脑的细节,我们还要利用右脑的共情力去打动听众的痛点和爽点(见图10-1)。

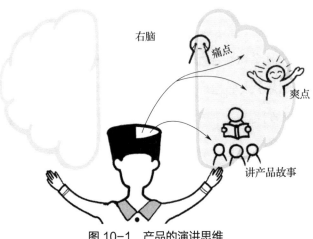

图 10-1 产品的演讲思维

"左脑人"注意

"左脑人"在销售产品中除了介绍技术细节,还要从引发听众兴趣和带动听众情绪的角度去设计演讲。

> **"右脑人"注意**
>
> "右脑人"在销售产品中,除了关注听众的情绪,还要介绍产品的细节。

第二节 爽点痛点,打动听众的不二选择

爽点

当听众的问题被演讲者介绍的产品解决了,爽点就会产生。

举个例子,以下是一个空气净化器的产品介绍,哪一句会是听众的爽点?

(1)我们的空气净化器的机芯是德国原装的,洁净空气输出比率 CADR 是 310 立方米/小时。

(2)我们的空气净化器的价格是 899 元,比同类产品便宜 10%。

(3)我们的空气净化器可以在 10 分钟内将你家的甲醛和苯的指数降到 0,让你睡个健康觉。

"让你睡个健康觉"更会直接让听众联想到那种惬意的睡

眠体验，也就是爽点。比起冰冷的产品参数和价格，爽点更强调客户的体验感受。

除了"爽点"，"痛点"在听众决策中会起到更重要的作用。

痛点

痛点其实是听众内心的一种恐惧。趋利避害是人的本能，人天生会回避风险，我们要做的就是先去唤醒听众的痛点，让听众产生焦虑的情绪。

央视前主播张泉灵曾经在演讲中分享过一个故事，讲的是她的一个朋友是如何在1小时内卖掉1万块单价1500元的案板的？她是这样说的。

我的一个朋友，文怡，早期在各种电视台上教人做菜，后来成了网红。有一天她突然想：能不能在教大家做菜以外，把厨房里用的锅、案板等各种好的东西跟粉丝一起分享？有一天她决定要卖一个产品——三块案板，就是做中餐用的剁、切、生熟分开的三块案板。

在我们这一代人（70后）的心目当中，案板应该就是几十元一块，贵一点的也就100多元，但她这三块案板最后卖到1500元。我这样一个对价格不敏感的人，当时第一反应都是凭什么？为什么这么贵？

她很快说服了我,她的理由是:在消费领域,能够直接抵达你内心焦虑的是最能够让你掏兜的。

她说:"你们家的案板常年在提供霉菌。因为中国人习惯用木头当案板,木质案板容易浸水,总是不干,所以总有水和汁渗透到木头纤维底下,案板上一块一块发黑,那都是霉菌。粗浅的医学知识告诉我们,霉菌是致癌的主要物质。但我卖的案板能把这么厚的木头压缩到这么薄,表面致密,不会有任何霉菌,也没有任何涂层。"

我立刻被说服了。虽然三块案板远远超出了我的价格认知,但是在我的生活里,我对它是有需求的。

案板可能是再普通不过的产品了,如果想卖一个好的销量,会很不容易。但是,张泉灵的朋友文怡却抓住了听众的一个痛点:家里案板浸水,容易产生霉菌。文怡在指出这一痛点后,引发了听众对霉菌的焦虑和健康的关注,所以成功地把案板卖出了高价。痛点引发焦虑,而焦虑会使听众采取行动。

所以,产品介绍中除了爽点,还要有痛点。我们来举一个具体的演讲来说明。

产品介绍

2016年10月14日,华为在国内正式发布了5寸轻旗舰

nova，主要面向年轻用户群体。在发布会上，华为产品经理王婷婷登台演讲，介绍华为 nova 自拍功能。产品发布会后，这段演讲的视频在网上走红，其超高的语速和出色的现场感染力收获了网友的不少好评，甚至有网友感慨，这不仅体现了产品经理的专业能力，还体现了营销经理、宣传经理的专业素养！

这个产品经理是如何介绍华为新手机的呢？她就是牢牢把握住了痛点和爽点。在这个短短三分钟的演讲里，她一直强调着痛点（问题）——听众不希望看到的，以及爽点（解决方案）——听众可以受益的。

痛点（问题）

我们经常在拍照的时候有这样的感觉，把手机拿起来，pose（造型）摆起来，表情到位了，然后发现，哎，我根本就触碰不到我的拍照键。好不容易触碰到拍照键了，但是手抖了，照片拍花了。然后很多朋友拿起手机看照片，她们会异口同声地告诉你"浪费表情"，有没有？大家觉得这样的场景是不是特别熟悉，具有画面感，对吗？

爽点（解决方案）

但是有了 nova，一切都会变得非常简单。你可以在双手自然握持手机的状态下，轻轻触碰指纹识别区域，即可完成拍照。

非常简单，就可以轻松完成拍照，让我们的自拍变得如此从容优雅。

王婷婷没有一上来就介绍手机的性能参数，而是列举了消费者在自拍时常见的痛点——手指碰不到拍照键，然后她再给出一个爽点——只需轻触指纹识别区域即可完成拍照。这个痛点抓得很准，确实很多人在自拍时都会遇到这个问题，王婷婷一下子就吸引了听众的注意力，顺利给出了爽点。

所以，好的产品演讲一定是和用户情绪紧密联结的，不一定总是聚焦在产品参数上，而是要突出可以减少听众痛点的内容，以及带给听众爽点，从而引发听众的焦虑感和愉悦感。右脑演讲的共情力才是产品销售打动听众的秘诀。

第三节　产品故事，传奇经历吸引听众

如果让你卖橙子，你会如何去卖？在 2016 年，有一款橙子火了，叫褚橙。而它火的原因，则来自褚橙背后创始人的故事。

褚时健曾经是玉溪卷烟厂的厂长，他曾于 1999 年因经济问题被判无期徒刑。

三年后，褚时健因为严重的糖尿病，在狱中几次晕倒，被

保外就医。经过几个月的调理，褚时健在哀牢山承包荒地种橙子。那年他 74 岁。他进驻荒山，昔日的企业家成为一个地道的农民。几年的时间，他用努力和汗水把荒山变成果园，创建了褚橙这个品牌。那时，他已经 81 岁高龄。

正是凭借这种脚踏实地的精神，褚时健的故事打动了很多 60 后的企业家。不光在微博上，在一些公司活动、媒体年会、企业家俱乐部，都能看到褚橙的身影。很多企业家都发表吃橙感言："这哪是吃橙，是品人生。""品褚橙，任平生。"

这就是褚橙——一个成功用故事包装的品牌——在互联网上火起来的经历。除了产品质量，人们还会因为产品背后的故事认可你的品牌。而褚橙这个故事最打动人的地方，应该就是创始人励志的精神。

还记得第二章我们介绍的"为什么 – 怎么做 – 做什么"的结构吗？人们认可的不一定是演讲，而是演讲背后的理念。如果你要销售一款产品，不如去想想这个产品背后的故事是什么，以及这个故事传递了什么样的思想。

在演讲中，我们可以讲下面四种类型产品的故事。

第一种　励志的故事

某快餐公司就讲了一个励志的创业故事——互联网公司高

管放弃百万年薪去街头卖煎饼果子；某连锁熟食品牌讲的是从一个路边小摊到一家上市公司的故事；肯德基讲过"创始人推销炸鸡秘方被无数快餐店拒绝"的故事。

第二种　品牌的故事

高端手表品牌百达翡丽就讲了一个代代相传的故事。它的广告词是这么说的："没有人能真正拥有百达翡丽，只不过为下一代保管而已。"这句话一下子就把品牌的历史表现出来了。

第三种　情感的故事

某冰激凌品牌讲的是一个浪漫的爱情故事。创始人为了爱情去创业学做水果冰，不想心上人忽然离世，为了不辜负心上人的遗愿，最后制作出了完美的牛奶水果冰。

第四种　产品的故事

可口可乐讲了一个关于神秘配方的故事，让消费者一直好奇这份重金难求的配方到底是什么。

这些故事都是为了从情感上与听众共情。所以，好的产品销售，除了依靠左脑推敲细节，还要依靠右脑触动听众的情绪。

总结

产品销售,除了依靠左脑推敲细节,还要依靠右脑的共情力。

产品介绍,要引发听众的"痛点"和"爽点"。

爽点:这个产品可以带给听众什么好处。

痛点:这个产品可以解决听众什么问题。

故事:学会通过故事传递品牌精神。

Review 读者感想

李晓静 / 百度公司　产品经理

读本章的时候,我真的深有感触。今年在产品经理晋升答辩的时候,我当时写了几版 PPT,结果在预演阶段都被否定了,原因是太过于描述项目内容,没能突出产品的痛点和爽点。

之后我结合自己的项目经历,突出产品的优势,说明产品解决了什么问题。经过几轮修改,终于达到了很好的效果,使我顺利通过晋升。

第十一章
技术演讲，你让小白也能听懂

第一节　为什么你的技术演讲会让听众睡着

前几天我去参加了一个关于区块链的讲座，分享嘉宾是这个领域的专家。演讲开始的时候，这位专家就打开了一页PPT，展示了一个关于区块链的定义："区块链是分布式数据存储、点对点传输、共识机制、加密算法等计算机技术的新型应用模式。"

看着PPT，听众一脸懵。然后这位专家抛出了更多的专业词汇，什么去中心化应用、分支等。没过多久，听众就完全迷失了，看手机的看手机，聊天的聊天，有的甚至低头打起了瞌睡。而这位专家全然没有意识到听众的变化，依然滔滔不绝地讲着。

为什么听众不感兴趣，甚至犯困呢？很常见的一种情况是演讲者忽略了从听众的"新手思维"出发，转而陷入一种"专家思维"。培训大师哈罗德·D.斯托洛维奇（Harolod D.Stolovitch）在他的著作《交互式培训》中清晰地阐明了专家和新手的区别。他举了一个新手和父亲学车的例子。

父亲：好了，现在踩离合器。不，不要踩刹车，踩离合器。用你的左脚，不是右脚。

儿子：我应该快踩还是慢踩。

父亲：快些踩下去，但不要太快。现在，挂一挡，然后在踩油门的同时松开离合器。

儿子：我应该快些挂挡还是慢一些？我应该用左脚踩离合器吗？动作应该快还是慢？

父亲：快慢不重要。我指的是挂挡速度。你问是否用左脚？当然，用左脚。不……你油门踩得过重了。

儿子：爸爸，车子跳起来了，我该怎么办？

父亲：踩离合器！松开油门！踩刹车！哦，不要那样！

儿子：太难了，我不学了。

在这个例子里，我们可以清楚地看到专家父亲和新手儿子之间的区别。父亲的指示相对笼统，而儿子的问题都是关于细节和具体步骤的，就连父亲指导的一个踩离合器的动作，儿子都需要知道踩的速度和力度。这里面的原因在于专家和新手的思考角度是不一样的。

畅销书《人是如何学习的》提到了专家的特点。

专家就是指在特定领域中具有专业知识的人，他们能够有效地思考该领域的问题。

专家获得了丰富的知识，但这不能保证他们能教会别人。专家的知识是围绕核心概念或大观点组织的。

书中还提到对国际象棋高手的研究，研究发现这些高手每走一步棋，都会瞬间调动自己大脑多年的经验，而这些多年的经验已经在他们的大脑里形成了一个严密的网。新手棋手则完全不一样，他们大脑中的知识呈点状零散分布。他们需要慢慢地组织脑中零散的知识点，才能走出那一步棋。

在技术演讲中，专家思维容易使演讲者笼统地去表达，而新手思维则使听众更注重具体的细节和步骤。

抖音上有人发了一个有关发声技巧的视频，他是这样说的："想有好声音，只需要你立起舌根说话。"接下来，他分别朗读了两段话，分别是"立起舌根"和"没立起舌根"的效果。视频下方的网友评论基本都在问同样的问题："舌根怎么立起来？"视频发布者自己理解了"立舌根"，但新手听众则需要了解"立起舌根"的具体步骤。

技术演讲就有类似的问题。技术人员非常熟悉自己领域的专业知识，然而听众的水平参差不齐。技术人员认为这些专业知识应该很好理解，但是听众不一定知道。比如，内部某个项目的代号是DFS，同事们可能都很清楚它是"分布式文件系统"，如果直接就把晦涩的名称告诉不了解情况的听众，听众肯定对此产生疑问。

如果说技术演讲有什么秘诀的话，首先就是我们要先从思维方式上摆脱专家思维，切换到新手思维。以新手的心态对待演讲，认清"我懂"和"我能让你懂"是两个完全不同的问题。

演讲者要想在演讲的几十分钟之内让观众听懂，就必须提前想清楚哪些是自己特有的思维习惯，哪些是自己特有的背景知识，哪些是自己特有的学习方式……这些思维习惯、背景知识会表达出哪些不容易让听众理解的内容，从而导致演讲和理解的断层。为了使技术演讲更好，我们需要遵循以下几个原则：

（1）不要假设人们了解专业术语。

（2）尽可能地使用最简单生动的语言。

（3）把技术信息转化成听众熟悉的概念和场景。

我们需要根据不同的演讲场合调整我们的左右脑思维习惯。在进行技术演讲时，如果演讲者要让听众喜欢听、听明白，不光要有左脑理性思维，还要有右脑感性思维。

"左脑人"注意

"左脑人"容易陷入专家思维,在技术演讲中一定要有空杯心态,用"新手思维"去演讲,并且用形象有趣的方式介绍枯燥的专业内容。

 "右脑人"注意

"右脑人"要注意结构化的表达,同时要注意细节。

第二节 形象表达,让专业知识瞬间秒懂

技术知识的讲解相对比较枯燥,所以我们不光要有理有据,还要形象生动,以便听众更好地理解。我们可以用的演讲方法有类比、讲故事、即兴提问和举例、"少就是多",如图 11-1 所示。

类比

类比对技术演讲非常有帮助,它的作用就是为了解释复杂的概念 A,先用一个有共性的、听众熟悉的例子 B 去解释。当听众对例子 B 理解了,自然也就对复杂的概念 A 触类旁通了。

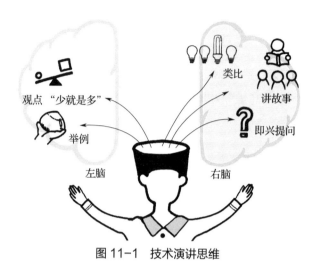

图 11-1 技术演讲思维

美国作家兰道尔·门罗（Randall Munroe）写了一本书《万物解释者》。比尔·盖茨为这本书作了序。在这本书里，他做了一个大胆的尝试，不用一个专业术语，而是用号称"小学生都能看懂"的 1000 个日常生活中简单的单词去介绍复杂的术语。比如，细胞被形容成了"组成你身体的小水袋"，洗衣机被形容成了"让衣服更好闻的盒子"，潜艇被形容成了"潜在海下的船"。这样一解释，这本书连孩子都可以看懂了，可以说是老少皆宜。这本书给我的启发就是，我们其实用简单的语言就可以表达复杂的概念。

有一个健身教练在抖音上讲解为什么健身不能只瘦小肚子，和别的教练不同，他并没有说一些专业名词，比如卡路里或皮脂等，而是用了一个通俗易懂的例子让听众理解。

减脂只能减全身，局部减脂是不存在的。这是因为我们的身体就像个水池，而脂肪就好比池中的水。你拿着一个桶，无论从何处舀水，这池水的水平线只会整体下降，而无法局部减少。

那么有人会问，既然无法局部减脂，那为什么他的肚子却能够单独胖起来？这是因为这池水有高洼地带和低洼地带，你往池子里加水，水必定先往低处流，而腹部就好似水池的低洼地带。

每当我放这个健身教练的讲解视频给我课上的学员看时，都能听到学员恍然大悟的感叹声，赞叹他对专业内容深入浅出的讲解。这个健身教练就是考虑了抖音上听众理解层次的不同，在没有讲任何专业词汇的前提下，用一个生活中的例子解释了健身的专业知识。

技术演讲的核心难点就是用简单的词语或句子解释过于复杂的术语。而类比的好处就是让听众产生联想，通过已知解释未知，从而触类旁通，有效填平技术鸿沟。

左脑举例，右脑讲故事

除了类比，我们还可以用举例或者故事去解释技术术语。认知神经科学研究专家洪兰教授在 TEDx 上做了一个关于男女大脑的演讲。在这个演讲里，她讲的是深奥的脑科学，但是她却用了很多有趣的例子，把枯燥的脑科学讲得引人入胜、趣味横生。这个演讲迅速走红，被称为是接地气的技术演讲。

各位，这个是男生的脑，这个是女生的脑。男生说话主要亮脑前区，女生说话亮两边。这个功能上的差异来自结构上的不同。这个叫胼胝体，两个脑半球中间的百万以上的纤维素。它是一座桥，连接两个脑半球，女生的厚、男生的薄。

如果你的"桥"比较大，那你从左到右会跑得比较快。我们看到情绪在右边、语言在左边，女生比较会把她的情绪用语言的方式表达出来。我们看到先生和太太吵架，先生讲一个字，太太讲十个字。

在教师节的时候，我们看到学生写贺卡，女生就买空白的卡片自己动手写：老师，我毕业了，现在在哪里哪里做事，我的男朋友不是你上次看到的那个。男生一样记得老师，可是不会自己动手写，买个现成的卡片，上面印着"师恩难忘"就给你寄来了。

洪兰为了解释胼胝体这个枯燥的术语，用了两个幽默的例子，一个是先生和太太吵架，一个是男女生送贺卡。这些例子都是听众在生活中经历过的，所以既生动又真实。大部分听众是不爱听抽象的理论的，他们更喜欢听的是故事和案例。在我的培训课上，每当我讲一个故事或案例的时候，我发现听众都很专注，并且讨论也很热烈。所以，你可以在技术演讲中多分享一些故事和案例，包括你碰到的问题、踩到的坑、尝试过的解决方案等。

即兴提问

即使演讲者讲得再精彩，听众也是在被动倾听，时间一长，技术演讲难免气氛沉闷。所以，你可以采用穿插互动的方式，而其中最简单的方法就是现场即兴提问。在什么地方提问呢？就是在讲新的知识点之前。这样做就像钓鱼，先把诱饵扔出去，一个好的问题可以让听众产生悬念，让听众对接下来的内容产生好奇。问题既可以是准备好的，也可以是现场即兴发挥的。

"少就是多"

"少就是多"是左脑的方法，它的意思就是演讲者需要减少内容和观点的过多堆积。技术演讲的时间通常是45分钟，有的人唯恐干货不够多，不停地往里加干货，一口气讲了十几个知识点，最后的结果往往是超时，结束的时候虎头蛇尾，听众一脸茫然。我们做技术演讲的时候会高估听众的理解能力。如果听众在读一本书,他可以理解很多的知识点,但是如果在现场听演讲,他需要至少 10 分钟去完全理解演讲者讲的一个观点。也就是说,一场四五十分钟的演讲,听众也就能理解 5 个观点,如果加上走神,最后只能记住 3 个。

想讲的内容太多,往往会影响整个演讲的节奏。有的演讲者安排了太多干货,一直都在火急火燎地播放 PPT,语速也像打机关枪一样。有的演讲者太想充分展示细节,用 20 分钟讲一页 PPT,没有用不同的 PPT 去展示不同的观点。常见的技术演讲时间失控还有一种是分配不均,很多人基本是在最后 5 分钟匆匆讲完剩下的内容,明显头重脚轻。所以,要想时间安排好,需要从源头控制 PPT 的数量。如果是 45 分钟的演讲,控制在 20 页左右比较合适,平均两分钟讲一页 PPT。

有些特别的技术内容并不太适合做一场演讲,更适合作为文章发表。例如,现场介绍和推导某个算法,以及大量复杂代码的讲解等。除非你有高超的演讲技巧,并且台下的观众都很专业,否则很难把这类主题讲精彩。现在的一些技术大会,由于观众水平参差不齐,技术背景和经验都不一样,太专业的内容并不容易被大多数听众接受,反而有催眠效果。

美国的培训大师鲍勃·派克（Bob Pike）说过，我们应该把分享内容分成"必须知道"（must know）和"了解就好"（nice to know）两大类。在真正的演讲中，演讲者应该分配更多的时间给"必须知道"的内容。但是很多演讲者不做这个区别，分配在两者的时间是一样的，这就导致整个演讲重点不突出。

如果你的演讲原本要讲 10 个知识点，那还不如把其中重要的 5 个整理得更加生动、形象、有趣，让观众现场能够对你演讲的主题产生兴趣。至于另外那 5 个知识点，你完全可以附在最后一页 PPT 上，作为延伸学习的推荐话题。如果你的演讲能让观众产生兴趣，在会后主动自我学习几个小时，那么听众在知识性上的获取效果绝对比你"填鸭"式的知识点分享要好。

总结

技术演讲要减少专家思维，多用新手思维思考。

技术演讲的右脑技巧：类比、讲故事、即兴提问。

技术演讲的左脑技巧：举例、"少就是多"。

读者感想

林弘 / 微软中国　资深研发总监

读完这一章后，我感同身受。关于区块链的讲座，我也做过不少。对于这样一个涉及计算机领域多个研究方向（包括密码学、点对点协议等）的前沿技术，我在讲座过程中用了很多通俗易懂的比喻帮助听众理解。另外，我发现区块链发展史中的一些逸闻趣事也能充分调动听众的兴趣。一个好的技术讲座不在于给听众灌输了多少，重要的是听众理解了多少，以及是不是可以激发他们的兴趣，让他们在听完后有兴趣和动力继续通过不同的途径去深入了解。

第十二章
汇报工作,你让老板点头称赞

第一节　为什么老板对你的工作汇报说不

在职场中,你遇到过以下的问题吗?

为什么我做了那么多,领导就是看不见?

我工作也很勤奋,为什么还是得不到重用?

我的业绩和他的差不多,为什么晋升的是他不是我?

上述问题的答案可能让你出乎意料,有可能是你不懂得在老板面前展示自己。展示什么?工作汇报。

职场上发生过这样的事情:

小陈和小李同一个时间加入A公司。一次公司有位客户要来拜访,老板先安排小陈与客户接洽。三天后,老板没有得到音讯,就把小陈叫到办公室,问他:"上周让你问的那个客户怎么样了?他们来北京的行程定了没有?"小陈忙说:"我帮您问了,就是忘跟您说了。张经理说他们下周计划过来。您看您还需要其他什么信息吗?我再去了解。"老板什么话也没说,摆摆手让小陈出去。接着，老板又给小李打电话，让他跟进一下这件事。

一会儿小李来找老板了，说："您让我问的客户行程已经了解清楚了。张经理计划是下星期二下午五点到北京，他们一行六个人，这次他们打算用三天时间考察我们企业。为了他们来我们公司洽谈方便，我建议他们住在公司附近的国宾酒店，既方便又有档次，如果您需要的话，明天我就可以安排预订酒店和接机服务。"老板听完以后，满意地点了点头。

年底到了，小李加薪了，但是小陈却没有。

上面这个例子就是一个典型的工作汇报的正反例子。小陈犯了两个错误：第一是不主动向老板汇报工作，没有及时反馈；第二是工作汇报过于简单草率，老板让问什么就只问了什么，没有站在老板的角度去思考汇报的意义和价值。

小李却能够把事情的来龙去脉交代得一清二楚，能够提供给老板真正有用的信息。职场中，向领导汇报工作是最名正言顺地与领导接触的机会，也是最能提高你能见度的时刻。汇报时，一要对领导足够尊重，二要让领导看到你都做了哪些工作。

有时候我们的工作即使做得再出色，如果不懂有效汇报，也会让老板低估我们的能力。所以，有一句话说得好，不懂汇报，别谈升职加薪。我们需要重视汇报，特别是在以下五种场景。

- 汇报进度
- 汇报需求
- 汇报业绩
- 汇报困难
- 汇报建议

在这五种场景中，有四个坑是很多人会踩的，分别是汇报重点、汇报细节、汇报问题和见机行事。

"左脑人"注意

"左脑人"在汇报工作时容易陷入过多的细节之中，注意提炼重点。

"右脑人"注意

"右脑人"在汇报工作时容易思维发散，需要加强汇报内容的结构化，也要注意提炼重点。

第二节　避开汇报四个坑，老板给你升职加薪

如何汇报重点

有一个员工小王曾这样向领导汇报工作：

张总，我早上去找那个姓王的客户签协议，按照约定的时间，我早上9点就过去了。可是左等右等他一直不来。后来他来了，说很忙，还要开个会，让我再等一会儿。等到中午12点他还没来，我想去吃饭，但是又怕他正好这个时候过来。想给他打电话，又怕打扰别人开会不太好。于是我就打算再等等，结果没想到一直等到下午1点多。我中午饭都没吃，肚子现在还"咕咕"叫……

这个人描述了半天，领导最终还是没有听到他汇报的重点——协议是否签订，只能说一句："说重点！"工作汇报的第一个坑就是说话没有重点。

美国金融大王摩根坦言："我每分钟的收入不止20美元，除了重要的客户，一概不准占用我过多的时间。在工作上，我从来没有与人谈话超过5分钟。"

这就是领导的特点，忙且时间宝贵。但是很多职场人汇报时习惯先说细节，特别是自己做事的全过程，事无巨细地先表达出来。但他们忽略了一点，领导事务繁多，时间上往往比较紧张，没有时间听大量细节。所以，你要善于对汇报内容进行过滤和概括，将多余的、不必要的通通删去，只留下非说不可、非用不行的东西。这种能力就是我们第一章提到的概括力。

概括重点后，我们要开门见山地告诉领导汇报的重点或结论是什么。这时候，我们需要依靠左脑的结构力去呈现，可以用总分总这种形式。

总述内容：

领导，您好。我向您汇报一下关于 A 客户的项目进展，大概占用您 10 分钟时间。

分述要点：

第一是 A 客户已经决定和我们签订合同，预计第一次订单的金额是 30 万元。

第二是 A 客户目前还表示对我们公司的另一款产品非常感兴趣。我已经将样品寄出。

第三是 A 客户计划下个月会来我们公司参观，希望能够和您当面沟通一下未来的长期合作。

总结观点：

我想和您确认一下您下个月的日程安排，我好和客户确认一下会议时间。

这样有重点、有结构的表达会更容易让领导理解你的重点，尤其是加上关键词第一、第二和第三，领导会更加清楚你汇报的内容的结构。所以，在职场汇报中，第一点就是先汇报重点或结论，再说细节。你可以在以下场景中应用这个原则：

（1）汇报进度：关于某工作，目前完成的进度是50%，计划在下周前做完。具体细节是……

（2）汇报需求：老板，目前我需要一些支持，急需10万元市场推广的经费。原因是……

（3）汇报业绩：老板，这个月我们部门完成了20万元的销售额。具体细节是……

（4）汇报困难：老板，关于A项目，目前可能要延期完成。原因是……

（5）汇报建议：老板，关于B产品，我有一个建议，我们可以通过微信提高营销效果。原因是……

如何汇报细节

汇报重点后，就到了第二个步骤，汇报细节。有的时候，你的老板可能偏重左脑思维，非常关注细节。比如，当老板问你这个项目什么时候可以完成时，你一定不要说："周五吧，应该可以完成。"这会给领导传递一种不严谨的工作态度。你的回答应该是："周五下午 3 点以前可以完成。"千万不要说太多模糊的语言，比如"可能是""应该会"。如果你的老板偏好左脑思维，他更希望你给出一个严谨准确的答案。

这就要求我们在汇报业绩或者工作进度时，多用左脑的论证力，比如举例和列数字，提升汇报的严谨性和说服力。

左脑：举例和列数字

比如，下面是一个家电销售的汇报：

上个月我一共做了两件事，第一件事是拜访客户。我一共拜访了 8 家客户，收集了他们的数据，已经确定 1 家有合作意向。

第二件事是店面巡查。我巡视了 1 家已经签约店面的销售库存和货品陈列情况，指导了 2 名店员货品摆放和销售技巧。

这周我计划再跑另外 4 个客户，争取确定 1 家合作，并计划就近参加本周销售代表会议。

这个汇报条理清晰，列举了翔实的例子，同时每个例子都有量化的数字佐证，让汇报更加具体可信。

如果你还想让你的数字更有冲击性，可以用图表代替数据。图表言简意赅，让人一目了然。比如，在表达未来发展趋势或公司业绩时，你可以用折线图；在表达百分比数据的时候，你可以用饼形图；在表达各月份或各年度的销量时，你可以用柱形图。这样做有两点好处：第一，成绩一目了然，视觉冲击性强；第二，对比强烈，作图时可以用一些对自己有利的历史数据、平均数据、行业数据来衬托。

除了举例和列数字，你还可以描述工作带给公司的收益和回避的风险，从情感上打动你的老板，即运用共情力。比如在第十章的产品销售中，我们介绍过销售产品时可以关注客户的痛点和爽点，同样在汇报中，我们也可以把汇报内容与公司的痛点和爽点结合。

右脑：痛点和爽点

（1）爽点

上个月我一共做了两件事，第一件事是拜访客户。我一共拜访了8家客户，收集了他们的数据，已经确定1家有合作意向。这家客户采购量比较大，预计年采购额在80万元左右（爽点）。

（2）痛点

第二件事是店面巡查。我巡视了1家已经签约店面的销售库存和货品陈列情况，指导了2名店员货品摆放和销售技巧，避免了新店库存不足和货品摆放不统一的问题（痛点）。

（3）爽点

这周计划再跑另外4个客户，争取确定一家合作。另外我还计划就近参加本周销售代表会议，商讨如何提高下半年的销售业绩（爽点）。

围绕公司的痛点和爽点进行汇报，学会站在老板的角度去思考公司的利益，引发老板的共鸣。这一点需要我们右脑的共情力，再加上左脑的论证力，让我们汇报细节的时候晓之以理，动之以情。

如何汇报问题

工作汇报难免会涉及一些困难和问题。很多人会在这里踩第三个坑。比如，你经常直接带着问题找领导来解决，但是你忽略了一点，大多数领导雇你就是要让你做好基础调研工作（问答题），而他则把精力放在如何有效做决策（选择题）上。只带问题的汇报不但对领导无用，反而会给忙碌的领导带来额外的工作。

我们在汇报中不能只提出问题，还要给出两个以上的解决方案，让老板做选择题。这就应用到了左脑的概括力。你需要在汇报中把解决方案概括并提炼出来。

比如，一个销售遇到了一个问题，他是这样汇报的：

老板，上个星期刚和一个国外客户确认了合同，但是供应商刚刚来电话，因为原材料上涨，要把供货的价格上涨5%。我试图说服供应商，但是他们坚持涨价。

我觉得可以这样来解决问题，不知道领导是否同意：

方案一：我们接受供应商涨价，按时给客户发货。

方案二：我们马上和客户沟通原材料涨价一事，看客户那边是否可以接受涨价。

你在给老板解决方案的时候，确保至少有两个方案，可以让领导做选择题，而不是单选题。除此以外，在提方案的时候，我们还需要站在领导的角度对方案做利弊分析，帮助领导做决策。比如，对于刚才的例子，我们加上利弊分析后得出一个结论：

如果用方案一的话，好处是可以保证客户的订单按时出货，不会影响客户的利益。但我们这次销售的利润会从7%降到2%。

如果用方案二的话，客户不一定会接受涨价。如果客户不接受，他们可能取消订单，对我们的合作产生影响。

我建议先和客户电话沟通一次，如果感觉客户比较强硬，那我们就接受这次供应商涨价，虽然会损失一些利润，但是保证了客户不会流失。

这样汇报问题，既有解决方案，又有利弊分析，可以很好地站在老板的角度思考问题，帮他做最后的决策。

工作汇报需要我们在短时间内把重点说清楚、说明白，所以更要调动左脑的思维能力（见图 12-1）。

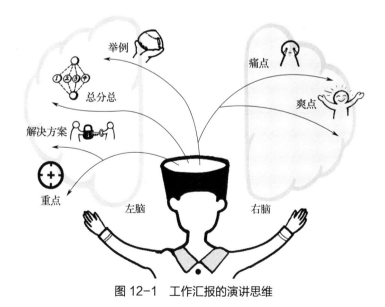

图 12-1　工作汇报的演讲思维

如何见机行事

除了以上三个容易犯的表达错误，还有第四个错误，就是在汇报的时候，你要根据老板的特点调整汇报节奏。有的人不管老板偏重什么沟通风格、忙不忙，自顾自地说了半天，没有发现老板早已眉头紧锁，一脸不满意。

你要先观察老板的沟通方式。如果你的老板平时就很关注结果，那么你的汇报也要言简意赅、直奔主题。如果你的老板平时关注细节，那么你在汇报时要提供数据和图表。

如果老板的时间只有五分钟，那么你在汇报时需要直奔重点，少说细节。

老板不同的身体语言也代表了他对你汇报的态度。当你正在汇报的时候，发现老板的表情露出了一丝不耐烦，或者看了一眼手表，你需要赶紧直奔主题，尽快结束你的汇报。你在汇报时发现老板眉头紧锁，就需要赶紧补充一些细节去阐述你的理由。在汇报过程中，你要随时关注老板的反应，调整汇报节奏。这其实体现了我们右脑的即兴力。

总结一下，在汇报前你一定要关注老板的需求，说老板关注的内容，比如汇报中先说重点再说细节。在提出问题的时候，你一定要有解决方案。在汇报过程中，你要随时以老板的沟通风格、时间和身体语言来调整汇报方式和节奏。工作汇报比较正式，所以更偏重左脑演讲思维，表达的时候多注意概括力和论证力。

> **总结**
>
> 工作汇报的场合比较正式，偏重左脑演讲思维。
>
> 汇报重点：提炼、概括汇报内容，按照总－分－总框架汇报。
>
> 汇报细节：举例子、列数字，结合痛点和爽点。
>
> 汇报问题：提出解决方案，进行利弊分析。
>
> 见机行事：随时根据现场情况调整汇报节奏。

> Review **读者感想**
>
> 朱建春／中国电信股份有限公司北京大兴分公司渠道部经理
>
> 在平时的工作中，我们有各种会议和各种汇报。说实话，我并没有特别看重这些，觉得就是走流程。读完本章，我意识到，汇报工作这件事本身就是工作的一部分。我们仅仅做好本职工作还不够，要学会恰到好处地向领导展示工作成果，而汇报工作无疑是一条捷径。

今天接到一个电话，部门中一名营销经理向我申请3000元赞助费，通话进行了3分钟，他反复强调该社区物业经理很强势，费用没得谈。通话期间，他并未向我说明目标及预期收益、营销活动时间、社区可提供的场地区域、设备及资源。按照本书介绍的方法，这种汇报显然是需要改进的。

第十三章
分享经验,让听众满载而归

第一节　为什么你的分享让听众不满意

我在网上看到过这样一篇文章,是一个程序员写的。

作为资深的程序员,你不可避免地要给其他同事分享一些你自己的经验,或者对新入职的程序员做一些提升技能的培训。

我做过很多公司的内部分享,然而可悲的是大部分分享的效果并不理想。以前一直没有认真总结一下原因,或者调查一下参与者的反馈,往往总是以为自己的分享内容不够丰富、实例不够精彩。但当我埋头苦干做出更有价值的干货时,我的分享依然不会因为PPT的内容充实而华丽得到满堂喝彩。

现在很多公司都有内部的分享会,让一些有经验的员工做不同主题的分享。这些人会认真准备很多干货,但不幸的是,听众反应平平。他们很纳闷,明明自己认真准备了很多干货,为什么效果一般呢?

我刚开始转行做培训的时候,需要经常到企业去分享演讲技巧，时间通常是一天。我当时也认为分享就是演讲，自己把干货讲到了，听众就应该有收获。有一次我上演讲培训课，开场后我讲了一个多小时，当时感觉台下气氛有点沉闷，听众好像没有什么反应。课间休息的时候，助理走过来，略显担心地问我："大卫老师，咱们有没有关于学员的互动啊？"那时候，我对此还没有理解。助理跟我说："大卫老师，您不一定要自己一直讲，听众对这个话题也有他们的经验，所以您可以让他们也分享些经验。"后来我让听众做了一个销售手机的演讲练习，气氛才一下子热闹起来，大家你一言我一语地开始演练起来，效果非常好。

我这才发现，分享不一定是以演讲者为中心的，因为听众对分享的话题也有自己的想法和经验。后来做培训时间久了，开始研究一些成年人学习背后的原理，发现成年人学习和学生学习是完全不一样的。学生上课，就是听老师讲，偶尔提个问题。但是，成年人却有如下的学习特点：

成年人喜欢参与

成年人都有一定的社会经验和工作能力，喜欢把新的知识和自己的经验做对比。当发现不一样的时候，成年人喜欢分享出来。很多时候，分享没有正确的答案，而是分享者邀请听众一起参与，共同找到答案。

成年人目标性更强

成年人都是带着工作中的问题或者是想提高自己的能力才来参加分享的,对学习的内容和结果都有明确的期望。所以,在给成年人分享的时候,要明确课程的结构,提前告诉大家这次分享的目标和内容结构。这样可以更好地帮助成年人学习。

成年人注意力不易维持长时间

成年人的注意力不容易长时间集中,一般在10~20分钟。所以,在为成年人培训时,分享者的时间不要太长。一定要加入互动,比如小组讨论、案例分析、现场练习,这样效果更好。

成年人需要被激励

好的情绪可以激励成年人更好地参与分享。消极情绪影响成年人学习,积极的情绪更加有利于成年人去学习。

这些成年人的特点告诉我们,在分享的时候,我们一定要和演讲有所区别,不要一味地灌输干货。

分享和演讲有区别。演讲是传递一个观点,分享则更强调实用性,要让听众把分享的内容应用在生活和工作中,所以分享需要有"教"的技巧。比如,你分享做PPT的技巧,那么在分享结束的时候,听众也应能做出漂亮的PPT。分享比演讲更加强调听众的改变。

如何更好地分享呢?我们来看两种最常见的分享:线下分享和线上分享。

"左脑人"注意

"左脑人"在分享中容易聚焦于干货的灌输上,忽视听众的情绪。此时,"左脑人"可以提高互动性,多让听众参与。分享时多使用形象生动的表达方式,改善自己的身体语言和语音语调。

"右脑人"注意

"右脑人"的分享形象有趣,但要注意结构化表达,同时一定要重点突出,注意细节。

第二节 线下分享,参与让听众更有收获

有的时候,我们需要在公司内部做分享,把自己的经验分享给同事;有的时候,我们受邀对外做分享。这就需要我们知道如何设计一个成功的分享。

好的分享需要左脑的结构力。一个好的分享就是一个精密的结构设计。我们必须把每个关键环节都考虑到,才可以做到万无一失。我经常用的一个方法叫五线谱分享法。它包括分享

时的五个关键内容,分别是分享时间、分享内容、分享方式、听众情绪和分组形式(见图 13-1)。

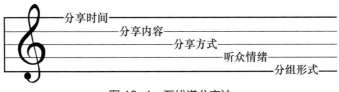

图 13-1　五线谱分享法

这个五线谱分享法的好处是,它通过五个维度来帮助你从五个重要的角度来设计分享。我们分别来介绍分享时的五个关键内容。

分享时间

分享时间是指我们分享的每个知识点的时长。你有没有遇到这种情况,就是当你听其他人分享的时候,分享者在一开始滔滔不绝,然后快到最重要的内容的时候,时间到了,分享者只好匆匆结束分享。为什么会发生虎头蛇尾的现象呢?那是因为在分享前,分享者对时间没有分配计划。比如,20 分钟的分享,你要讲 3 个知识点,第一个知识点你就讲了 10 分钟,那么后面两个知识点你很有可能超时。所以,提前计划每个知识点的时间分配,是避免你的分享虎头蛇尾的最好方法。

分享内容

分享内容就是指我们要讲的知识点。在分享中，为了避免超时，我们需要确定知识点的数量。比如，哪些内容是听众迫切想要知道的，哪些内容是听众了解一下就好的，也就是把知识点划分为"必须知道"和"了解就好"。很多分享者不注重分享的目的，想大而全，分享了很多"了解就好"的内容。我最近听了一个小伙伴的分享，短短的 40 分钟里，他讲了 4 个大的知识点，而每个大的知识点下面又有 4 个小知识点，总共是 16 个知识点。这样算下来，每个知识点的时间不足 3 分钟。这样导致的结果就是整个分享蜻蜓点水，听众没有真正学会。短时间内听众是无法吸收太多知识的。成年人记忆的最大数量是 7 个，如果超过这个数字可能就会讲多少忘多少，而最理想的记忆数量是 3 个。如果可能，尽量把你的内容控制在 3~7 个知识点以内。

分享方式

分享方式包括分享者分享和听众活动。很多人认为分享就是自己一个人说，不包含听众活动。其实，这个想法是错的，这背后的原因有两个。

第一个原因来自学习圈理论。它是美国著名的社会心理学家、教育家大卫·库伯（David Kolb）提出来的。他认为学习过程由四个步骤组成，分别是体验、反思、总结和实践（见图 13-2）。这个理论对分享也适用。体验就是指听众在这个分享中亲自参与活动，比如小组讨论、案例分享、练习等。听众会在参与不同的体验活动后，通过大脑的思考、判断、筛选和总结，把分享的知识点融会贯通，转化成自己的知识。

图 13-2 大卫·库伯的学习圈理论

第二个原因来自美国脑科学专家约翰的研究：成年人在课堂上保持专注的最长时间是 10 分钟。也就是说，他们在 10 分钟内的注意力是最高效的。但是，10 分钟过去，他们可能就会开小差等。所以，分享者最好每隔 10 分钟就调整分享方式，用不同的方法唤起听众的注意力。

所以，我们在分享的时候，需要避免一人独秀的情况，可以设计不同的活动，让听众参与其中，哪怕是一次 2 分钟的讨论或者是一次 2 分钟的练习，都可以提高听众的兴趣，通过参与把知识内化。

体验活动有很多种，具体如下：

分享者分享

- 演讲：分享者分享内容。
- 提问：提出一个问题，增加互动。
- 图片：放一张图片，吸引注意力。
- 视频：放一个视频，吸引注意力。
- 幽默：讲一个笑话，活跃气氛。

听众活动

- 两人练习或分享：知识点讨论。
- 小组练习或分享：知识点讨论。
- 角色扮演：听众扮演不同角色。
- 案例讨论：听众讨论真实案例。
- 游戏：让听众放松或受到启发。

在分享过程中，分享者要根据听众的注意力，每隔 10 分钟调整一下以上的分享方式，为的是能够再次吸引听众的注意力。在设计分享的时候,你需要提前设计每个知识点的分享方式。

听众情绪

很多分享者特别容易忽略听众的情绪。比如,我有一个朋友是培训师,有一次她为一些医生分享演讲技巧。她设计了一个热身活动,让听众分享自己做过的最重要的一次演讲。我这个朋友希望通过这个讨论让气氛活跃一些。但是她发现听众两分钟就聊完了,然后就坐在那里,显得很无聊的样子。她很纳闷,不知道问题出在哪里。

这个问题就在于她的活动设计不合适。有的听众并没有过多的演讲经历可以与别人分享,所以导致讨论的气氛不够热烈。在分享课上,听众的情绪决定了他的学习效果,积极的情绪更有助于成年人去学习。

我在自己的演讲培训课上,会用"一分钟演讲"的活动去带动气氛。我会要求每个人在本组做完一个一分钟的自我介绍。由于这个活动有时间限制,所以形成了一个小小的挑战,大家在做的时候既刺激又有趣,经常可以听见一阵阵的笑声。听众的心情愉悦,参与度就更高,学习效果就更好。所以在分享前,分享者最好思考能够带动听众情绪的方法。如果分享者可以多调动听众的积极情绪，比如快乐、轻松、有趣、好奇等，那么听众会更好地投入到分享中。

我曾经听过一场有关如何做好培训的课程，主讲老师先播放了一个过山车的视频，视频里过山车从高处垂直落下后又高高爬起，非常惊心动魄。他说："在分享时，你也要带给听众过山车一样的体验。"我做了多年培训后，深感这句话的重要。人们可能忘记你说了什么，但人们一定不会忘记你在分享中带给他的感受。

分组形式

如果我们在分享中做活动，那么听众的人数及座位安排很重要。通常我们可以按照小组来开展活动，比如 4 个听众坐在一个小组，我们可以让他们按照小组讨论或者分享案例。如果听众是一排排坐着的话，或者是围着一个会议桌坐着的，我们可以安排相邻两个听众为一组进行讨论或做练习。一般情况下，每组安排 2~4 人是比较合适的。小组人数最好不要超过 5 人，否则人数过多，开展活动的时候会有点乱。如果现场人数过多，比如 50~100 人，可以直接以两个人为小组单位进行不同的活动，效果也是不错的。

以上就是线下分享需要的五线谱分享法。我们用全脑演讲的思维图将该方法表现出来,发现职场分享既需要左脑思维又需要右脑思维(见图 13-3)。

图 13-3　线下分享的全脑思维

比如,以下是一个 30 分钟的分享,我用五线谱方法把大纲设计出来,分享的话题是"如何克服演讲紧张",见表 13-1。

表 13-1　五线谱分享法设计

分享时间	分享内容	分享方式	听众情绪	分组形式
3 分钟	一分钟演讲小练习	听众活动:游戏	快乐	全体
2 分钟	问题:有多少人害怕演讲	分享者分享:提问	好奇	全体

（续）

分享时间	分享内容	分享方式	听众情绪	分组形式
5分钟	举例讲述演讲紧张的原因	分享者分享：演讲	有趣	全体
5分钟	听众分享如何克服恐惧的心得	听众活动：小组讨论	轻松	分组（两个人）
5分钟	播放TED演讲视频《肢体语言塑造你自己》	分享者分享：视频	好奇	全体
5分钟	演示开放式和封闭式肢体语言的区别	分享者分享：演讲	有趣	全体
5分钟	练习自信的肢体语言	听众活动：小组练习	快乐	分组（两个人）

第三节 线上分享，全脑表达让听众更专注

现在还有一种比较常见的分享方式，就是在网络上或者以电话会议的形式进行分享。由于在分享过程中见不到听众，也无法开展一些活动，这就要求分享者了解一些线上分享的特点。

很多人在分享的时候喜欢想到哪讲到哪，一个话题可能延伸得特别远。比如，我因为写书，就在网上听了某出版人的分

享，希望能够借鉴他的经验。但是这个分享者的思维非常发散，他在开场大致介绍了一下分享内容后，话题一转，开始聊起出版行业的八卦新闻，滔滔不绝地说了半天。这就让我非常抓狂。之前我们提到过，成年人学习的目标性非常强，他们最想听的就是分享者如何解决他们的问题。一旦分享者的话题跑偏，听众的注意力很快就会分散。

另外，我们可能忽略了听众的真实场景。分享者可能以为听众是拿着手机认真听呢，其实真正的场景也许是听众看着邮件，或者在嘈杂的马路上，或者吃着饭。在线上分享时，听众不一定全神贯注地在听，他们是用碎片时间来听分享，并且他们当时所处的环境并不一定很安静。如果分享者分享的内容没有很多干货，听众很可能会选择不再听。

如何设计好线上分享，让听众不走神呢？我们需要注意结构化表达、举例加讲故事、声音这三点，如图13-4所示。

结构化表达

针对听众目标性强，同时听众看不到分享者的PPT，分享者的线上分享一定要逻辑清晰、要点突出，帮助听众随时捕捉分享的要点。这就要求分享者发挥左脑的概括力和结构力。之前介绍过一个演讲的结构叫总分总，就非常适合线上分享。比

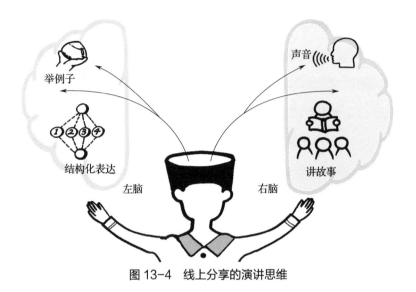

图 13-4 线上分享的演讲思维

如,如果你要做一个线上分享,就可以这样讲:

- 今天我要给大家分享三点内容,分别是线上分享的挑战、原理和方法。
- 我们先从第一点讲起,线上分享的挑战……
- 好,我们现在来讲第二点,线上分享的原理……
- 刚才我们讲了两点,现在我们讲第三点,也就是分享方法……
- 今天我们一共讲了三点,分别是线上分享的挑战、原理和方法。

如果你可以按照一个清晰的结构去分享，特别是在每个知识点前加上"第一""第二"这类指示词，那么你的听众即使看不到PPT，也会随时知道你的分享进度。特别是有些听众错过了分享的开场，你的结构化表达依然能让听众跟上后面的知识点。

在线上分享中，你尽量不要轻易开始计划外的话题，因为你永远不知道你会讲多长时间。大部分情况，你临时增加的话题会导致分享超时，所以，尽量不要一时兴起，在分享中开启新的话题。

分享的结构设计好了，接下来就是知识点的呈现了。

左脑举例，右脑讲故事

由于线上分享不容易展现分享人的表情和手势，听众只能依赖分享内容。这就要求分享内容尽量生动有趣，还要有理有据。分享者可以用举例子和讲故事两种方式去更好地解释分享内容。假如你要做一个关于区块链的分享，那么你可以这样解释：

什么是区块链？我给大家举个例子……

如何通过区块链挣钱？我给大家讲一个发生在身边真实的故事……

声音

我经常在网上做分享。记得我第一次录在线课程的时候，依然用演讲的方式去讲话。结果课程发布后，很多网友反应语速有点慢。我当时有点不以为然，认为可能是个别现象。后来我又收听了一些线上分享，发现其他分享者的语速确实都比较快。原因就是在线上分享中，由于听众看不见分享者，所以他们的注意力全部在分享者的声音上。而大脑每分钟能够处理的文字是 600 个，当分享者语速慢的时候，听众的大脑有更多的空闲时间，这个时候听众可能就会走神。所以在进行线上分享时，分享者的语速可以比线下分享快一点，减少听众开小差的机会。我实际测算了一下，语速大概是 300 字 / 分钟，这是比较合适的线上分享的语速。

另外，有些分享者在平时演讲的时候会说一些口头禅，比如"这个""那个""就是说"等，还有咽口水的声音。这些小毛病在线上分享的时候会被听众清晰地捕捉到。导致这些问题出现的原因就是分享者紧张，从而导致说话时会有停顿，每当停顿的时候，分享者又害怕沉默，于是就会发出不同的声音去掩盖。

改变的方法就是要敢于停顿，并且不用任何口头禅来替代。你在忘词或者紧张的时候，不要着急说话，深吸一口气，然后接着说下去。当你养成习惯以后,你的口头禅会越来越少。

总结

做好分享,需要左右脑平衡的演讲风格。

线下分享:五线谱分享法——分享时间、分享内容、分享方式、听众情绪、分组形式。

线上分享一:结构化表达,让你的线上分享更加清晰。

线上分享二:左脑举例,右脑讲故事,让你的线上分享更好理解。

线上分享三:线上分享的语速可以比线下分享快一些。

Review 读者感想

万虎 / 一汽丰田　服务部高级主管

看完本章内容,我回忆起几年前第一次在公司内分享的场景:为了一小时的分享,我准备了十多条干货,原以为会让大家收获满满,没想到让不少同事觉得"消化不良"。今天再来反思,分享不仅仅需要考虑干货,还要考虑时间,以及观众的情绪需求。如果上天再给我一次机会分享的话,我会按照本章内容用五线谱分享法重新设计,增加听众的体验和互动,我相信一定会演奏出一曲激动人心的分享乐章。

第十四章
竞聘演讲，你也能脱颖而出

第一节　为什么你在竞聘中被淘汰

　　竞聘上岗是很多单位用到的一种选人方式。竞聘演讲不同于一般性公众讲话，目的非常明确，就是要说服领导、评委、同事，把选票投给你。

　　它属于一种说服式的演讲，是演讲里难度比较大的一种。通俗一点说，美国总统大选的演讲也属于竞聘演讲。但很多人在竞聘中也容易遇到陷阱，让我们来看以下案例。

　　王凯是工程师，一直从事技术工作。这次单位竞聘，他也想试一试，于是就参与了部门经理的竞聘。但是，在竞聘演讲中，王凯只是强调了自己在技术方面的专业知识。关于竞聘的部门经理这个岗位，王凯却只字未提自己的优势和未来的计划。很遗憾，他竞聘失败了。

　　张鑫是一家银行的销售骨干，平时业务能力很强。这次银行举行销售经理的竞聘，他也参加了。但是，张鑫平时是一个很低调的人，不愿意过多地夸奖自己。所以，在这次竞聘里，他并没有给评委留有过多的印象。他竞聘失败了。

这两位竞聘者犯了以下常见的错误：

- 王凯没有展示自己对竞聘职位的理解和未来的计划。
- 张鑫没有突出展示自己的优势。

在竞聘中，评委希望了解的是：

你为什么要竞聘这个岗位？

你有什么优势？

你对这个新岗位有什么计划？

竞聘的场合比较正式，我们需要偏左脑的严谨表达。我们可以用第二章介绍过的"为什么 – 做什么 – 怎么做"的结构来设计竞聘演讲（见图 14-1）。

- 为什么——你对竞聘岗位的理解。
- 做什么——你竞聘该岗位的优势。
- 怎么做——你对竞聘岗位的规划。

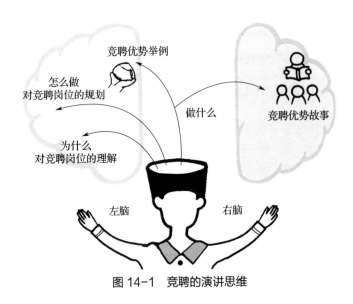

图 14-1 竞聘的演讲思维

我们接下来详细介绍一下这三步具体是如何应用的。

"左脑人"注意

"左脑人"在竞聘中应注意情绪要饱满,眼神要和听众多交流,面带微笑,同时语音语调不要过平。

"右脑人"注意

"右脑人"在竞聘中的表达不光有热情,还要有理有据,突出优势。

第二节　全脑竞聘三步法，让你胜券在握

为什么——你对竞聘岗位的理解

我们以竞聘银行销售经理举例。竞聘的开场要能够抓住听众和评委的眼球。大部分人会用如下感谢的方法来开场：

今天，我能够站在这里，参加银行销售经理岗位的竞聘，深感荣幸和激动。首先感谢领导给我一个展示自己的机会，感谢同事们对我的支持和帮助！作为一名对银行事业充满热爱、无比忠诚的人，我应该站出来，接受组织的挑选。

开场感谢不是不好，但会比较雷同，不够标新立异。竞聘演讲要想做得好，最好可以先声夺人。人们不光被你的优势说服，还会被你的理念打动。所以，在竞聘中表达你为什么会参加这个竞聘，以及你对竞聘的态度和想法，是很重要的。我们可以这样说：

今天，我能够站在这里参加销售部经理岗位的竞聘，深感荣幸。我为什么要申请这个职位呢？我热爱销售这份工作，把它看

作是一份事业，而不是一份工作。有一句话我印象非常深刻：如果你想走得快，一个人走；如果你想走得远，一群人走。在加入公司五年后，我希望可以挑战自己，通过经理这个职位，带领销售团队在职场上走得更远。银行销售经理是业务营销、客户维护的重要力量，在业务的经营发展中占主导地位。我希望通过自己三年的经验，可以竞聘这个重要的工作，帮助本行提升销售业绩。

做什么——你竞聘该岗位的优势

竞聘时一定要突出自己的优势。很多人在优势介绍的时候会比较空洞，不够具体。比如以下这个例子：

我有较强的敬业精神，工作认真负责，有着严明的组织纪律性和吃苦耐劳的优良品质。我对互联网行业很感兴趣且思想活跃，可塑性很强。我能够很快地接受新事物，适应新环境。我信奉诚实的做人宗旨，提倡团结，遇事懂得及时征求他人意见，能够与同事一道，共同打造一个充满凝聚力和生命力的战斗团队。

这样的优势介绍，表面上看说了很多，实质上是泛泛而谈，列举的词——"敬业精神""认真负责"——比较宽泛，不能给评委留下深刻印象。如何让评委印象深刻？我们需要高度概括自己的优势，同时还要能够说服评委。我们可以举例介绍自己的优势。

举例和列数字

竞聘销售经理这个岗位，我的优势可以概括为：拥有一个核心能力、具备两大专业技术、掌握三方面管理才能。

"一个核心能力"是指我具备较强的敬业精神，并且对销售工作认真负责。在过去的五年里，我为公司拓展了 20 个新的客户，每年平均为公司的销售额增加了 10%。我会带领团队兢兢业业地为新的销售目标努力。

我的"两大专业技术"是产品知识和销售技能。在产品知识方面，我已经掌握了公司核心产品的所有技术特点，并且为此编制了一本产品特点的小册子。另外，在销售方面，个人的销售业绩都是在前三名。我会不遗余力地为团队出谋划策，帮助团队实现目标。

我同时还有"三方面管理才能"，即善于团队沟通、团队协调和解决问题，这也是部门经理最重要的三个能力。

这样表达，既用例子和数字去客观陈述事实，同时又和竞聘的岗位的特点紧密结合，让评委可以更好地理解我们的优势是如何与未来的岗位匹配的。

这部分是左脑的表达，我们还可以加一个故事，从右脑共情力方面打动评委。

讲故事

竞聘中所讲的故事不用长，可以遵循我们之前介绍的讲故事四步法，分别是问题、转折、努力和改变。

问题：今年年初遇到一个背景不错的客户，但是客户就是抗拒任何形式的银行产品。

转折：我坚持每个月和客户沟通一次，大约7个月后，客户终于答应见面，不过提出只有30分钟的会谈时间。

努力：根据客户可能存在的理财需求，我为他详细定制了理财解决方案，客户非常满意。

改变：现在，这个客户已经成为我行的客户，并且多次购买我行的理财产品。同时客户也将我行的理财产品介绍给其他的朋友，在他的宣传下，他的另外两个朋友也成为我行的大客户。

故事可以为严谨的竞聘加上一些右脑的情感色彩，有助于打动评委。

怎么做——你对竞聘岗位的规划

竞聘的第三步比较关键，评委希望你能介绍对这个岗位的规划。你需要告诉评委你当选后具体会做什么。很多竞聘者在这一步也表述不够具体，比如：

如果我可以竞聘成功，我会：

一是求实意识强，不论何时何地踏踏实实做事，老老实实做人，不会做有损于公司利益的事情。

二是责任心强，任何事情都认真去做，一丝不苟。

三是增强协调意识，及时做好部门之间的沟通工作，确保工作及时完成。

这段话虽然表了决心，却非常抽象。我们还是要举具体的例子，说明自己未来的岗位计划。比如：

举例

如果竞聘成功，根据公司战略定位，我将计划开展如下工作：

第一步，将销售目标数字化，分解成年度、季度和月度销售目标，并配有月度和季度考核指标，同时按月度和季度达成率给予销售奖金。

第二步，将销售人员按区域划分，每个销售人员都有自己管辖的区域和销售目标；同时制定跨区域销售政策。针对跨区域协作，对销售人员按照不同的提成比例给予奖励。鼓励全方位销售，不丢失一个客户。

第三步，带领和督促下属建立和完善各自区域，完成公司给予的年度目标，发展新客户，维护老客户。

说完这一步，我们就到了竞聘演讲的结尾。我们最好可以表达一个观点，也就是你想传达的积极信念是什么。我们可以先引用一个金句来烘托气氛，再表达此次竞聘的观点。

观点

古希腊哲学家阿基米德说过一句话："给我一个支撑点，我将撬起整个地球！"这是对生活的一种自信。而我现在要说："给我一个机会，我将还您十分精彩！"这是我对事业的一种追求。此次竞聘，无论是成功还是失败，我都将以此为新的起点，更加刻苦努力，坚持不懈，把自己的全部智慧与精力奉献给我们公司！

要想竞聘成功，就需要偏左脑的严谨表达，既有结构力，又有论证力。不仅如此，偏重右脑共情力也是竞聘成功必不可少的因素。竞聘者在内容的表达上，尽量做到优势突出、举例翔实，多谈与竞聘岗位相关的内容。

> **总结**
>
> 竞聘演讲比较正式，偏重左脑演讲风格。
>
> 左脑结构力：为什么 – 做什么 – 怎么做。
>
> - 为什么：对竞聘岗位的理解（观点）。
> - 做什么：竞聘该岗位的优势（举例加列数字，讲故事）。
> - 怎么做：对竞聘岗位的规划（举例加观点）。

> **Review 读者感想**
>
> 秦小双 / 中化石油勘探开发有限公司
> 项目部总经理助理
>
> 读这一章的时候我想起了去年的公司内部竞聘。我当时竞聘的是项目部的中层职位，想夸自己但又怕别人觉得我自大，痛苦地憋了半天，写了很多"勤奋工作""吃苦耐劳"的场面话。竞聘的前一天拉了几位同事当观众试讲，结果发现没讲几分钟就有同事开始玩手机，结束后给我的反馈也不理想。

在中国的传统观念中，在人前大谈我们的优势往往被认为是骄傲自大的表现，所以我们很不善于也很羞于去展示我们自己的优势。这往往使我们在职场的竞争中处于被动。酒香也怕巷子深，如何更高效、更充分地表达自己的优势，值得我们好好研究。

第十五章
领导演讲，让你成功激励下属

第一节　为什么你的演讲让下属无动于衷

我曾经辅导过一位 CEO，他是一家民营企业的创始人。随着公司的规模越来越大，加入公司的员工与日俱增，所以他经常需要在员工会议上讲话。但是，他对自己的演讲技巧并不满意，总是感觉无法吸引下属的注意力。后来我去了他的公司，发现他总是在干巴巴地讲业务知识和战略规划。比如：

我们一直是以产品质量擅长的公司，但销售能力一直是公司的短板。在日常的客户服务中，以客户服务和售后为主的两大业务体系，随着公司整体规模的不断扩大已经严重影响到销售的效率。公司将在未来升级为销售中心、客户中心和产品中心三大业务体系。

这样讲话的效果如何呢？下属听不进去。因为语言比较晦涩，业务知识比较枯燥。还有一点，这样的讲话像说教一样。我们之前说过，面对成年人演讲的最大挑战是，成年人并不喜欢被说教，他们有自己的想法，尤其是现在公司大部分的员工都已经是 90 后了——自我意识更强，需要领导用一些不同的方式去沟通。我建议他不要总谈业务，多用右脑思维，讲一些自己创业的故事和员工的成长故事，与下属进行情感的连接。

这位 CEO 面临的演讲问题，也是很多员工刚刚晋升到管理职位面临的难题，他们需要实现角色的转化。领导演讲和普通的演讲不一样。原因就在于领导力是一种特殊的能力。什么是领导力？就是具有一种影响他人，让他人可以和你一起，为共同目标奋斗的能力。在畅销书《领导力》一书中，作者詹姆斯·M.库泽斯（James M.Kouzes）发现，虽然每位领导者的经历各有特点，但他们的行为都存在共性。该书一共总结了卓越领导的五种行为，分别是：

- 以身作则：明确自己的价值观，使行动与共同价值观保持一致。
- 共启愿景：展望未来，描绘共同愿景，感召他人共同奋斗。
- 挑战现状：进行尝试和冒险，从实践中学习。
- 使众人行：建立信任，促进合作，增强员工实力。

- 激励人心：表彰员工的卓越表现，认可他人贡献。

领导者需要通过演讲让下属感受到这五点重要的领导行为。书中还提到，从本质上来说，领导力是一种人与人之间的关系，即领导者和追随者之间的关系。领导的演讲不仅仅是业务知识的传递，更重要的是通过演讲与下属建立关系，使下属感到被重视，同时说服下属全心投入。**如果要想真正打动下属，让他们能够追随你，作为领导者的你需要改变偏重左脑的演讲方式，从右脑思维方面多去打动下属。**

> "左脑人"注意
>
> 演讲中要减少过多的业务和大道理的灌输，聚焦在员工的情绪上，学会讲故事。平时注意提升自己对语音语调和肢体语言的运用能力。
>
> "右脑人"注意
>
> 演讲中思维不要太发散，随时总结你的演讲，让听众知道你的重点是什么。

第二节 领导演讲的七种武器,让员工起立鼓掌

马云在阿里巴巴 2018 年的年会上,面对 4 万名员工做过一个演讲,里面包含了领导演讲的七个关键要素,本书简称七种武器。

这七种武器是指领导演讲的七个关键要素,分别是及时认可、打造价值观、树立使命、从我到我们、讲故事、描绘愿景、明确观点(见图 15-1)。

图 15-1 领导的演讲思维

我们通过马云的演讲来分析一下左右脑对领导演讲的影响。

第一种武器：及时认可（右脑共情力）

我们要感谢一个时代！感谢互联网！感谢中国！感谢所有的同事，包括那些曾经在阿里巴巴工作过哪怕半小时的人，没有前面所有人的付出，没有我们的合作伙伴，没有他们不会有今天！我永远说不完的就是感谢！逍遥子（张勇）讲过感谢，埃里克（Eric）讲过感谢，我还得重复感谢！

18年来，我觉得最大的成就是我们拥有了大家，从18个人到5.4万多人；我们最大的财富也是因为有了你们；我也觉得，阿里巴巴最大的骄傲、我们最大的资产就是因为有了5.4万多名员工以及以往所有为阿里巴巴的努力做出点滴片刻贡献的人。我在这真的表示感谢。

点评

领导演讲的第一种武器就是及时认可员工。员工渴望听到老板的反馈。我清楚地记得，当我刚毕业加入一家贸易公司的时候，有一天，老板特意走到我的桌前，问我："最近怎么样？"我当时正在和一个意大利的客户辛苦洽谈生意。老板听说后，说了一句:"努力干,辛苦了。"这只是一个简单的询问和感谢,却让我至今印象深刻。

很多领导不懂得称赞下属,他们总是理性地看到员工的不足之处。而如果你想激励员工的话,那么学会认可员工是必不可少的一步。通用电气的 CEO 杰克·韦尔奇(Jack Welch)曾说过,他的经营理念就是让每一个员工都能感觉到自己所做的贡献,而且这种贡献是看得见、摸得着、数得清的。所以,很多领导者在演讲中都忽视了一个既好用又免费的感谢工具,那就是"谢谢你"这三个字。

卓越的领导认可那些做出贡献的员工。他们及时在演讲中表达感谢,从而激励员工。

第二种武器:打造价值观(右脑共情力)

客户永远第一,没有客户的支持和信任,不会有阿里巴巴。这世界上最珍贵的就是客户的信任,信任是最昂贵又是最脆弱的产品,只有真对得起这些信任,阿里巴巴才会走得更远、更好。

点评

领导演讲的第二种武器是打造价值观。价值观就是指引一个企业采取决定和行动的原则和标准,用于区别好坏、分辨是非。如同价值观可以影响个人行为和思想一样，公司的价值观更加影响团队的行为和思想。

一个团队能够发展顺利，主要在于它基于团队成员共同遵守的价值观。价值观是所有团队成员都心悦诚服接受的行事准则。一个团队在其成长历程中只有形成所有成员共同认可的价值观、共同遵守的行为准则，才能打造完美的团队。

小米的总裁雷军曾经想招一个销售，在面试的时候遇到一个特别资深的销售，那个销售对雷军说："我在销售方面很有经验，可以帮助小米把稻草卖成黄金。"最后雷军没有招那个人。事后雷军在会上对员工说："那个人和我们公司的价值观不符，我们不需要欺骗别人。"

企业价值观就是企业经营的准则。这个准则告诉了员工在工作中什么是最重要的、最需要遵守的。马云一直非常重视价值观，每年都会考核员工的价值观。阿里巴巴最早的18个创业的伙伴，就是不断通过价值观考核，大家一起去做一件事情，共同完成一个任务，最后这些人成了阿里巴巴的核心骨干。

在这个演讲里，马云强调了"客户第一"的价值观，明确地为员工树立了做事的准则，告诉员工：没有客户，就不会有阿里巴巴。

第三种武器：树立使命（右脑共情力）

技术的投入不仅仅是资金的问题，而是我们的承诺；技术的发展不仅仅要以不作恶为底线，而应该为社会、为世界做出贡献。这才是技术的使命！

未来的阿里巴巴要靠技术获得利润，而不是靠市场规模来赢得利润；未来的阿里巴巴要靠创新赢得市场，而不是靠市场预算赢得市场！我们希望我们最后受到尊重的不是因为我们在世界排名多少，不是因为我们的收入和利润多么了不起——当然我们的收入和利润一定会了不起，而是因为我们能够为世界、为未来、为中国、为所有我们关心和热爱的人创造价值、解决问题。

点评

领导演讲的第三种武器是树立公司的使命。使命是企业存在的目的和理由。比如，20世纪20年代，美国电话电报公司的创始人提出的使命是"要让美国的每个家庭和每间办公室都安上电话"。20世纪80年代，比尔·盖茨提出的使命是"让美国的每个家庭和每间办公室桌上都有一台个人电脑"。到今天，美国电话电报公司和微软都基本实现了它们的使命。

使命是领导演讲中很重要的一部分。哈佛商学院教授、《真诚领导力》的作者比尔·乔治（Bill George）提到，为使命所驱动的公司创造的价值，比为财务所驱动的公司创造的价值要大得多。以短期价值为导向无法激励员工取得卓越成就。

使命感让员工看到了工作带来的社会价值。具有强烈使命感的员工不会被动地等待领导布置任务，而是会积极主动地做出有益的贡献，积累成功的力量。领导一定要引发全员为使命感工作，而不是为了老板、为了企业工作，也不是单纯地为了一份薪水工作。

马云在演讲中说阿里巴巴技术的使命是"为社会、为世界做出贡献"，从一个更高的角度定义了阿里巴巴的社会意义，从而激励员工。

第四种武器：从我到我们（右脑共情力）

我希望我们的员工记住，今天阿里巴巴大了，但跟未来相比，我们真是一个孩子。我们值得骄傲，但是我们不能骄横，我们不能自以为是，离开了平台、离开了合作伙伴、离开我们拥有的信任，我们什么都不是。

点评

领导演讲的第四种武器是从我到我们。领导力畅销书《真北》中有这样一段话:"你必须意识到,在整个领导过程中,最重要的人不是你。"对于任何人来说,从"我到我们"的转变是成为领导者过程中最重要的一个步骤。

领导演讲不只是一个只讲业务和战略的演讲,也不是一味地树立领导者权威的演讲,更多的是激励下属和与下属连接的演讲。所以,多在演讲中用"我们"这样的词就会非常有代入感,让下属感觉领导是和他们奋斗在一起的。

第五种武器:讲故事(右脑共情力)

领导演讲的第五种武器就是讲好一个故事。因为人天生不爱晦涩的大道理,往往一个走心的故事就能起到激励员工、树立企业形象的效果。领导者要会讲三种故事,分别是"我是谁""我们是谁""我们向何处去"。

在一次公开场合,主办方想让马云介绍一下自己,但是马云并没有这样做,而是巧妙地讲了一个"我们是谁"的故事。

今年我们做的一个很大的项目是在春运期间为火车订票网站保驾护航。你们可能不知道,每年春运期间,数千万的工人和学生坐火车回老家,每次网上抢票都是一个很困难的过程。

过去 5 年,火车票订票系统有时会崩溃,这次我让阿里巴巴的精英尽其所能帮助订票网站，并且分文不收。我做这个项目不是为了利润，而是为了帮助社会上千千万万买不到火车票的老百姓。

马云讲了一个雪中送炭的故事。这个故事传达了这样一个信息：阿里巴巴是一个有社会责任感的企业，我们的责任就是为社会大众服务。这样的表态显然比那些空洞的口号来得更加深入人心，也来得更加实在。这就是讲故事的好处，既形象，又走心。

第六种武器：描绘愿景（右脑联想力）

再过19年，我们希望把自己打造成为全世界第五大企业。

而第五大企业不是因为规模，而是责任，更是担当！我们希望为全世界提供1亿个就业机会，我们希望能够服务20亿消费者，我们更希望能够为1000万家中小企业创造盈利的平台！这个大企业创造的价值就是让世界经济更加普惠、共享，让世界经济能够更加持续发展，让世界经济能够更加健康和快乐地成长。

点评

领导演讲的第六种武器就是描绘愿景。愿景就是企业的发展方向和长期愿望。愿景能够指出团队要去哪里，以及到达目的地以后会是什么样子。换句话说，愿景就是目标，就是梦想。

在著名的演讲《我有一个梦想》中，马丁·路德·金就为听众刻画了一个伟大的愿景，那就是共同建立一个黑人和白人平等的世界。他多次重复这个极富感召力的愿景，感动了在场所有的人。

领导者描绘愿景，好比一群人去攀登高山，领导者是队长，当队员走累的时候，队长及时描绘登顶成功的画面，为的就是让员工不只聚焦眼前的困难，而是放眼未来。领导者在演讲中需要高瞻远瞩，帮助下属看到未来，从而鼓舞士气，为目标而奋斗。

领导者在描绘愿景前，需要厘清以下三个问题：

- 我们要到哪里去？
- 我们的未来是什么样的？
- 目标是什么？

马云曾经说："做事情要看这个事情对 10 年以后有没有效果，如果对 10 年以后没有效果，这个事情别做。我公司里的那些员工，最开始的时候都不喜欢我，因为我自己老是想 5 年或者 10 年之后的事情，等我们在一起工作了三五年之后，他们会觉得我是对的。"

第七种武器：明确观点（左脑概括力）

（1）绝大多数人因为看见而相信，而阿里人走到今天是因为相信而看见。

（2）面对未来，我们还是个孩子。

（3）坚持理想主义，让阿里巴巴走了18年；我们可以失去一切，但不能失去理想主义。

（4）今天阿里巴巴已经是全世界第21大企业，而我们希望未来阿里巴巴能成为第五大企业，不是因为规模，而是因为责任和担当。

（5）大企业和普通公司的区别，不是规模和人力的差别，而是担当和责任的差别。

（6）未来5~10年，我们的目的不是超越谁，而是帮助谁解决未来的问题。

（7）技术不应该成为拉动贫富差距的工具，而应该是普惠的、共享的。

（8）客户永远第一，我们最大的财富就是客户的信任，这世界上最昂贵、最脆弱的产品就是信任。

（9）未来阿里巴巴要三个Win（胜利），第一个给客户，第二个给合作伙伴，第三个给我们的员工。

（10）向公司最大的财富员工承诺一点：经过三年阿里人、五年阿里橙、十年的锻炼之后，你一定会成为最好的自己。

（11）向公司吐槽，不要向客户吐槽，不要向社会吐槽。

（12）阿里人必须明白，也必须拥有一颗谦卑的心，离开平台、离开客户、离开合作伙伴，我们什么都不是；阿里巴巴要成为一家谦卑的公司，我们的员工必须是谦卑的。我们要成为一个担当责任的公司，我们的员工必须是能够担当自己、担当家人、担当社群的。

（13）认真生活，感恩家人；快乐工作，学会左手温暖右手，在自己有能力的时候温暖一下边上，在自己困难的时候边上才会温暖你。保持理想，因为有理想，我们才不一样，才能走剩下的84年。

点评

领导演讲的第七种武器就是明确观点。马云除了擅长右脑的形象表达，他也非常擅长左脑的使用，随时概括总结一些醍醐灌顶的金句。这些句子简短精悍，完美地表达了他演讲的观点，让下属容易记住。这体现了左脑的概括力。

密歇根大学商学院教授诺尔·M.蒂奇（Noel M.Tichy）在他的著作《领导引擎》一书中指出："可教"是领导力的关键

要素。**伟大的领导者不仅有观点,不仅知道自己想的是什么,还能清楚地表达和有效沟通自己的观点**。这样做有三个好处:第一是帮助下属成为更好的领导者,第二是加快领导者培养人的过程,第三是确保信息在组织上下得到统一传递。

作为一名领导者,马云的成功就是一个不断吸取知识和经验,乃至智慧的过程。马云在演讲中懂得如何把这些知识和经验概括成观点,并且传递给员工。

总结一下,领导者要想做好领导演讲,在演讲中一定要避免过多地使用左脑理性分析,而是既偏重右脑又偏重左脑。在表达的时候,领导者应把演讲聚焦在调动情绪和给出画面上,多去激励和鼓舞员工,让他们看到未来。

> **总结**
>
> 如果领导想在演讲中激励下属,则需要多用右脑演讲思维。
>
> 右脑共情力:及时认可、打造价值观、树立使命、从我到我们、讲故事。
>
> 右脑联想力:共创愿景。
>
> 左脑概括力:明确观点。

> **读者感想** | Review
>
> 赵新亮 / 民生银行　理财经理
>
> 我一直在公司里带团队，也会经常演讲。我需要激励我的团队释放潜能，完成业绩目标。而演讲又是做领导必须要有的能力。这一章不光介绍了话术，还介绍了领导者的核心能力，很有启发。这七种武器总结得非常好，让我开始重新审视我在团队中的讲话。

后记

希望您在阅读本书后有所收获。您也可以在未来用全脑思维的六种能力去衡量每一个演讲,看看是否达到全脑演讲的标准。

好的演讲,最重要的是左右脑演讲思维的平衡。单一拥有左脑或右脑演讲的能力并不能完全打动听众,甚至会引起听众的不适。

要强调的是,全脑演讲的表达需要根据你演讲的场景和听众的不同来适当调整。比如,面试相对比较严谨,而你遇到的面试官又偏重细节,你则需要偏左脑的演讲思维。领导演讲需要激励下属,鼓舞士气,所以需要偏右脑的演讲思维。

全脑演讲思维,不仅可以应用在演讲中,还可以应用在我们的日常沟通中。有的人是事务型导向,说话非常严谨,喜欢就事论事,是典型的左脑型沟通者;有的人是关系型导向,更会关注你的感受,是典型的右脑型沟通者。与这两种类型的人沟通，如果你依然坚持自己的风格，那么沟通就会出现问题。所以，要根据不同人的沟通风格，调整自己的左右脑思维方式，与对方匹配。在与事务型导向的人沟通时，你应关注左脑表达，更加严谨；在与关系型导向的人沟通时，你应关注右脑表达，增强共情力。这样才能实现完美沟通。

每个新的理论建立以后都会有不完善的地方，本书所介绍的方法如有疏漏或不妥之处，还请读者朋友们不吝赐教！如果您想进一步学习全脑演讲，欢迎加我的个人微信：davidspeech。

大卫祁

参考文献

［1］ 柯维. 高效能人士的七个习惯［M］. 高新勇，王亦兵，葛雪蕾，译. 北京：中国青年出版社，2008.

［2］ 平克. 全新思维：决胜未来的 6 大能力［M］. 高芳，译. 杭州：浙江人民出版社，2013.

［3］ 泰勒. 左脑中风 右脑开悟［M］. 杨玉龄，译. 海口：海南出版社，2011.

［4］ 达利欧. 原则：应对变化中的世界秩序［M］. 刘波，綦相，译. 北京：中信出版社，2018.

［5］ 安德森. 演讲的力量［M］. 蒋贤萍，译. 北京：中信出版集团，2016.

［6］ 西奥迪尼. 影响力［M］. 陈叙，译. 北京：中国人民大学出版社，2006.

［7］ 罗姆. 餐巾纸的背面［M］. 徐思源，颜筝，译. 北京：中信出版社，2012.

［8］ 梅迪纳. 让大脑自由［M］. 杨光，冯立岩，译. 北京：中国人民大学出版社，2009.

［9］ 麦迪逊. 即兴的智慧［M］. 七印部落，译. 武汉：华中科技大学出版社，2014.

［10］ 岸见一郎，古贺史健. 被讨厌的勇气［M］. 渠海霞，译. 北京：机械工业出版社，2015.

［11］ 斯托洛维奇，凯利. 交互式培训：让学习过程变得积极愉悦的成人培训方法［M］. 派力，译. 北京：企业管理出版社，2012.

［12］ 布兰思福特. 人是如何学习的：大脑、心理、经验及学校　扩展版［M］. 程可拉，孙亚玲，王旭卿，译. 上海：华东师范大学出版社，2013.

［13］ 门罗. 万物解释者：复杂事物的极简说明书［M］. 孙璐，译. 北京：北京联合出版公司，2016.

［14］ 库泽斯，波斯纳. 领导力：如何在组织中成就卓越［M］. 徐中，周政，王俊杰，译. 北京：电子工业出版社，2013.

［15］ 乔治. 真诚领导力［M］. 邱晓亮，译. 北京：东方出版社，2011.

［16］ 乔治，西蒙斯. 真北：125位全球顶尖领袖的领导力告白［M］. 刘祥亚，译. 广州：广东经济出版社，2008.

［17］ 蒂奇，柯恩. 领导力引擎［M］. 周景刚，译. 北京：中国人民大学出版社，2010.